观海文丛——华东师范大学外语学院学者文库

俄汉平行结构翻译语序调整动因研究

邵鹏洁　著

南开大学出版社

天　津

图书在版编目(CIP)数据

俄汉平行结构翻译语序调整动因研究 / 邵鹏洁著
. —天津：南开大学出版社，2023.10
（观海文丛. 华东师范大学外语学院学者文库）
ISBN 978-7-310-06473-1

Ⅰ. ①俄… Ⅱ. ①邵… Ⅲ. ①俄语－翻译－研究
Ⅳ. ①H355.9

中国国家版本馆 CIP 数据核字(2023)第 184491 号

俄汉平行结构翻译语序调整动因研究
E-HAN PINGXING JIEGOU FANYI YUXU TIAOZHENG DONGYIN YANJIU

南开大学出版社出版发行
出版人：陈　敬
地址：天津市南开区卫津路 94 号　　邮政编码：300071
营销部电话：(022)23508339　营销部传真：(022)23508542
https://nkup.nankai.edu.cn

河北文曲印刷有限公司印刷　全国各地新华书店经销
2023 年 10 月第 1 版　　2023 年 10 月第 1 次印刷
230×155 毫米　16 开本　11 印张　2 插页　151 千字
定价：55.00 元

如遇图书印装质量问题,请与本社营销部联系调换,电话：(022)23508339

本书为中央高校基本科研业务费项目华东师范大学青年预研究项目"俄汉并列结构翻译语序调整的语音语义语用动因研究"（2020ECNU-YYJ010）研究成果

本书受华东师范大学外语学院著作出版基金资助

前　言

　　俄汉语序对比与翻译，或者说俄汉翻译中的语序问题具有非常重要的研究价值。俄汉语二者本质差别很大，俄语属典型的综合语，语法关系严密，词与词的关系主要依靠形态变化而不是语序来体现。因此，俄语语法语序相对灵活。较之，汉语属分析语，语序和虚词是表达语法意义的主要手段。因此，在组词构句上，汉语更讲求时序上的先后律、空间上的大小律、心理上的重轻律、事理上的因果律等自然逻辑顺序，更讲求"言之有序，言之有理，顺理成章"。俄汉语在语言体系及组词构句方面的本质差异使得语序成为俄汉翻译中特别受关注的问题。关于俄汉翻译中的语序问题，学界既往主要从实义切分理论视角进行研究，但从这单一视角进行研究并不能反映俄汉翻译语序问题的全貌，也不适用于所有情形。平行结构指那些由充当相同或相近句法功能的成分组成的结构，因其语序常常被认为是任意自由的，在使用过程中经常被误用。本研究从语音、语法、语义、语用等视角出发，以对比为基本方法，将动态研究与静态研究相结合、宏观研究与微观研究相结合、理论研究与实践研究相结合，提出制约俄汉平行结构翻译语序，特别是俄汉并列结构、多项定语、同位结构翻译语序的基本细则，以对比俄汉平行结构成分语序的共性及个性，以期为解决俄汉翻译中的语序问题提供可操作性的指导。同时，在本研究中，首次界定了"语音语序""语法语序""语义语序""语用语序"等重要概念，这对了解俄汉语序、解决俄汉翻译中的语序问题具有重要意义。

　　本研究所界定的"语法语序"是指由语法，特别是句法所规定的由各语言单位组成的线性序列，具有强制性和规定性；"语义语序"

是指受一定社会群体文化、思维、心理、认知等因素制约的各语言单位之间的先后排序，具有静态性、规约性和可复现性；"语用语序"是指个体（说话人或作者）为了表达一定的交际目的或修辞色彩而在静态语序基础上做出的有意调整，具有临时性、动态性和不可复现性，在语法语序、语义语序和语音语序的基础上灵活发挥调节作用；"语音语序"是指由语言发音所决定的语言单位排列次序。语法语序、语义语序、语用语序、语音语序相互独立、相互区别又相互影响，共同作用于俄汉语序的构成面貌。俄汉语序因其各自的语言特性而在语法、语义、语用、语音层面上呈现出差异，从而影响翻译中的语序调整。对制约俄汉语序的各层面上的因素进行识别和分类是有效处理俄汉翻译语序问题的第一步。

关于俄汉并列结构成分语序对比与翻译研究问题，本研究得出的结论是：俄汉并列结构翻译中的移位主要受语义因素中心理上的重轻律、时序上的先后律、范围上的大小律、事理上的因果律、时空原则、自我中心原则、文化规约性原则、汉语语音因素中的"四声非降"原则及语用因素中的礼貌原则和交际目的等因素的制约。俄语并列结构成分语序主要受逻辑律和形态律的制约，汉语并列结构成分语序主要受逻辑律和音韵律的制约，语用因素在此基础上发挥调节作用。翻译时译文语序的选择不仅要考虑原文语序的制约因素、同一语序制约因素对原文和译文并列结构成分语序的制约差异，还要考虑原文和译文可能受不同制约因素的制约而产生不同的制约效果。

关于俄汉多项定语语序对比与翻译研究问题，明确俄汉定语语序在句法、语义、语音、结构、语用平面上的差异是我们进行翻译转换的关键。句法上，俄汉多项定语语序的根本差异在于是否存在后置定语。在客观语境中，俄语中绝大多数非一致定语（诸如 род、тип 等词二格作定语时前置于中心语是正常现象），以及少数一致定语要后置于中心语（诸如 что-то、кто-то 等不定代词的一致定语只能后置）。汉语定语基本前置，上述俄语后置定语汉译时要前移。此外，俄汉物主代词（人称代词）的位置不同，俄语中物主代词与其他代词连用时置于限定代词和指示代词之后，汉语中人称代词通常位于多项定语中最前的位置。若俄语原文中包含物主代词和其他代词，译为汉语时需将人称代词移至最前。语义上，俄汉两语种多项定语概念、大小、排序不同，表领属关系的词位置不同。结构上，俄语多项定语构成项中带有补语或形动词短语及结构复杂的定语常置于最后，但译为汉语时同为结构复杂的定语（主谓短语、动词短语、介词短语充当），常常需要前置，在这种情况下会产生移位；带"的"和不带"的"的定语在汉语译文中的共现也会使俄汉定语语序产生差异。语音上，"成双配对"和"偶启奇止"原则等对汉语多项定语特有的制约因素常常会打破俄汉语序一致的状态，成为主导因素，导致产生移位。语用上，原文中依靠语序所传达的语用意义在译文中无法用语序来传达时，也会产生移位。

在对俄语同位结构汉译时语序的处理问题中，同位结构的组构成分、对同位语的识别以及同位语和本位语的相对位置最为重要。俄语同位结构汉译时基本需要移位的情况有：俄语同位结构由光杆普通名词组构，且同位语和本位语间用连字符连接时；俄语同位结构由光杆普通名词和物名组构，且同位语和本位语间无连字符时；俄语同位结构由普通名词和人名组构，且同位语和本位语间无连字符，同位结构行使称呼功能时。但上述移位情况只能反映基本的语序调整倾向，翻译时我们仍需根据上下文和语境灵活处理语序。

综合研究表明，在并列结构排序上，汉语意合重于俄语，俄语形合重于汉语。就并列结构的常规语序而言，汉语语序比俄语稳固；在多项定语排序上，俄语重语法，汉语重语义。就多项定语的常规语序而言，俄语语序要比汉语语序稳固，就多项定语的语用语序而言，俄语语序又比汉语语序灵活；造成俄汉同位结构成分语序差异的根本原因是语法因素。俄汉平行结构互译中顺序法和移位法的选择并不完全与俄汉平行结构成分语序的共性与个性简单对应。制约俄汉平行结构成分语序差异的表层原因主要是语音、语法、语义、语用等平面的细则；制约俄汉平行结构成分语序差异的本质原因是俄汉语在语言体系以及组词构句上的根本差异；制约俄汉平行结构成分语序差异的深层原因是思维与文化。通过对比俄汉平行结构成分语序的异同，可以更深刻地认识制约俄汉宏观语序和微观语序差异的表层原因和深层原因，从而妥善地处理翻译中的语序问题。

目　录

0. 绪论

0.1 选题缘由

翻译研究从经验主义研究转向以语言学为基础的科学性研究，这既是翻译学科发展的进步，也是翻译创建学科，摒弃印象性和随感性、走向科学性和系统性的必然。翻译研究的对象归根结底基本都是同语言相关的语际转换，因此可以说，对于翻译研究而言，语言学就是"风向标"。翻译研究中碰到的所有问题，几乎都可以在语言学中找到答案。

翻译中的语序处理问题亦是如此。语言是形式和意义的统一体，语序是语言重要的外显形式，是一种重要的语法、语义和语用手段。不同的语序可以表达不同的意义。在翻译活动中，原文的内容同原文的形式有着密切联系，译文的内容同译文的形式有着密切联系。翻译时我们必须突破原文和译文中的语言单位在表达方面即形式上的不同，求得它们在内容方面即意义上的一致（蔡毅、段京华编著，2000：5）。

本书之所以选取"俄汉平行结构成分语序对比与翻译"作为研究对象，主要基于以下考虑。

第一，"俄汉平行结构成分语序对比与翻译研究"，或者说"俄汉平行结构翻译语序调整动因"这一课题值得研究。

本书所选课题具有较大的研究价值。俄语属综合语，俄语中绝大多数词都富有形态变化，词与词的关系主要依靠形态变化而不是语序来体现。因此，俄语语法语序相对灵活。汉语属分析语，缺乏词类和形态变化标志，语序和虚词是表达汉语语法意义的主要手段。因此，汉语语序相对稳定。俄汉语序的不同特点使得语序成为俄汉互译中应当特别关注的问题。翻译时，遵从原文语序还是对原文语序进行适当调整，使得译文语序既符合目的语的表达习惯，又能完整地再现原文，对译者是一个挑战。针对不同的语序，译者需要选用不同的翻译策略。

此外，本研究具有一定的难度和挑战性。俄汉语语序对比与翻译是个复杂的研究课题。首先，语言是个多层次结构。从语素、词、词组、句子甚至语段层面来看都存在线性排列顺序问题，因此语序也具有多层次性。其次，语序还具有多维性，语序的研究要从多维度视角考察——语音、语法、语义、语用视角等，其中语法因素对语序具有强制作用，语音、语义因素对语序具有规约作用，语用因素对语序具有调节作用。语序的多层次性和多维度性共同增加了翻译时对语序问题处理的难度。通过对俄汉语序进行对比来研究翻译，不仅可以深化我们对俄汉语序同质性和异质性、共性和个性、相似性和差异性的认识，而且可以指导我们正确处理翻译中的语序问题。这样，一方面，我们可以避免拘泥于原文语序；另一方面，我们还能避免在译文语序的处理问题上"画蛇添足"。

第二，现有研究存在匮乏与不足。

关于汉语平行结构组构成分的排列顺序问题，汉语学界相关的研究成果颇丰，例如蒋文钦、陈爱文的《关于并列结构固定词语的内部次序》（1982），周荐的《并列结构内词语的顺序问题》（1986），廖秋忠的《现代汉语并列名词性成分的顺序》（1992），张谊生的《副词的连用类别和共现顺序》（1996），储泽祥的《汉语联合短语研究》（2002），高琴的《现代汉语并列结构的语序考察》（2004），阮氏秋荷的《现代汉语同位短语的多角度研究》（2009），曾常红的《汉语名名并列序列的弱势词序原则》（2007），王晓娜的《关系本体视野中名名并列的语义和功能研究》（2009），李占炳的《并列结构的类型学研究》（2014），谢晓明、王倩的《并列结构的语序异变类型及其制约因素》(2018)，等等。

较之，俄语学界关于平行结构的语序问题研究成果并不是很多，也不全面，相关成果主要有：劳菲尔（Н. И. Лауфер）的《并列结构各项的线性排序》(1987)，邓克《现代俄语词序——句法学体系的新发展》(1994)，史铁强《俄语里的同等定语与非同等定语》(1997)，李谨香的《汉俄语名词性短语的结构与功能研究》(2006c)，王翠的《俄语语序的语言类型学研究》(2011)，陈洁的《俄汉语言对比与翻译》(2006)，郅友昌、赵卫的《俄语句子同等成分词序的文本制约性》(2009)，刘丽芬的《俄汉语动动并列结构标题对比》(2012)和《俄汉语名名并列结构标题对比研究》(2013a)，白旭的《俄语多项定语语序的象似性探讨》(2016)等。关于俄语语序问题，学者们通常都是以实义切分理论为基础进行研究。无论在俄罗斯还是在中国，相关方面的研究已经取得了丰硕的成果。根据实义切分理论，在一定的上下文和具体的语境中，语序是将句子进行实义切分和表达交际目的重要手段。但这一理论并不是万能的，它更侧重于解决依靠语序来正确表达语句主位和述位的问题，即解决语用语序的问题，而对平行结构成分语序受语法、语义、语音等层面因素制约的排序问题，实义切分理论并不能提供充足的理据和有力的解释，故应将各种因素综合起来进行全面的观察和研究。

尽管在语言学领域，俄汉平行结构成分语序问题备受关注，但在翻译学领域，对俄汉平行结构翻译转换中的语序问题少有学者进行深入、系统、全面的研究。

第三，本课题对实践具有积极的指导意义。

本书之所以选取"俄汉平行结构翻译语序调整动因"作为研究对象，很重要的一个原因是，在翻译教学与实践中，由于平行结构各组构成分语法功能相同或近似，我们常常误认为语法功能相同的句子成分排序比较自由，从而忽略语义、语音、语用等平面因素对翻译语序的制约作用，并且上述各平面因素对俄汉平行结构各组构成分的排序制约效果不尽相同。句法上并列的各组构成分之间的排序极具迷惑性，容易混淆、误解，翻译时容易出错。探寻俄汉平行结构在翻译转换中所蕴含的语序规律对翻译教学与实践具有十分积极的指导意义。

0.2　研究对象

本书具体的研究对象是俄汉平行结构互译中的语序处理问题。本书将俄汉平行结构按其组构成分之间的关系是否平等独立，分为并列结构和非并列结构，非并列结构中又按平行结构在句中充当的句子成分分为多项定语、同位结构。笔者将本书分为以下小课题来探讨俄汉平行结构翻译中的语序问题：俄汉并列结构成分语序对比与翻译研究、俄汉多项定语语序对比与翻译研究、俄汉同位结构成分语序对比与翻译研究等。俄汉平行结构翻译中的语序问题受语法、语义、语用、语音等诸多因素综合作用的影响，本研究重点从这些平面对制约俄汉平行结构成分语序差异的成因进行深刻剖析，探寻俄汉平行结构翻译转换中语序问题所蕴含的规律，为俄汉平行结构翻译中的语序处理问题提供科学依据。

0.3　研究方法

对比是认识事物的基本方法。吕叔湘曾一针见血地指出："一种事物的特点，要跟别的事物比较才显出来。语言也是这样，要认识汉语的特点，就要跟非汉语做比较。"（吕叔湘，1992：4）可见，只有立足于母语和外语各自的特点，将两种语言的异同进行对比，互为参照，才能更加深刻地认识两种语言的本质。本书的研究方法正是以俄汉平行结构成分语序双向对比为基础，将静态研究与动态研究相结合，宏观研究与微观研究相结合，共性研究与个性研究相结合，理论研究与实践研究相结合。

0.4 创新之处

俄语界学者张会森在《和青年人谈治学》一文中指出，科研创新的"新意"主要体现在五个方面（张会森，2010b：42）。科研创新应伴随研究的始终，体现在研究的方方面面，笔者将其归纳为以下五点：

（1）选题新：研究提出了新的课题，即论题是他人未曾论述或未曾展开的。

（2）论述新：论旨或论文的最终结论以及使用的方法虽与他人相同，但在论述的广度和深度上超越他人。

（3）方法（视角）新：对他人已经涉及的课题能从新的角度或运用新的方法进行探索。

（4）结论新：对前人研究的课题能提出新见解，得出新的结论；或使前人已取得的结论更有说服力；或纠正前人的错误，弥补前人研究的不足。

（5）意义新：虽然是旧有课题，但从中国人学习俄语的角度研究，对实践有较强的指导意义。

对于张会森老师提出的科研创新要点，笔者十分认同。在此笔者结合张老师提出的几点创新要求，反观本研究的实际完成情况，对本书的创新之处做一总结，主要归纳为以下三点：

（1）选题新：本书提出了新的课题。虽然俄汉语对比与翻译研究在我国方兴未艾，但关于俄汉语序对比与翻译的研究成果并不多，仅散见于一些期刊论文和专著的个别章节中。据笔者考察，目前我国尚未出现关于俄汉语序对比与翻译研究的专著，与此相关的硕士、博士论文也寥寥无几。

（2）视角新：本书从语法、语义、语用、语音等多维视角出发，综合、全面考察了俄汉平行结构翻译中的语序异同、制约因素及翻译中的移位法，解决了现有关于翻译时语序问题研究大多存在的经验性、单一性和片面性问题，在解决俄汉平行结构翻译中的语序问题方面更具彻底性。

（3）结论新：本书不仅对俄汉并列结构、俄汉多项定语、多项状语和同位结构翻译时的语序制约因素进行了详细阐述，罗列出各种情形下翻译时的移位根据，即解决了在实际操作中，上述平行结构翻译时的语序到底应该怎样处理、为什么这样处理的问题，而且将翻译中的移位法抽象到理论高度，以期对翻译时语序的处理问题具有更普遍、更切实的指导意义。简言之，本书的结论兼具理论性与可操作性。

0.5　概念界定

本书中的核心概念基本都成对出现，现一一给予界定，并加以阐释。对有些概念笔者引用了自己所认可的并适用于本研究的学界权威学者的界定。有些概念为笔者通过理解、思考、比较和鉴别后做出的界定。

0.5.1　平行结构（параллельная конструкция）

由于俄汉语中很少存在对"平行结构"的准确的、完整的定义，笔者在本书中，将对所出现的结构下一个工作定义（рабочее определение）：

本书中的"平行结构"主要是指由两个或两个以上成分组构而成的、发挥相同或近似句法功能的结构，具体体现为在使用中变格相同一致。由以上定义可以看出，平行结构的组构成分可以是词、短语、从句、句子甚至段落。我们主要研究由词组构的平行结构在翻译中的语序处理问题。本书中的"平行结构"不难理解，从俄语视角出发，就是俄语中在句中的变格、变位基本相同的常见结构。

汉语中的"并列短语"又称"联合短语"，是由语法地位平等的两个或几个部分组成，各部分间存在并列、递进、选择等关系。（黄伯荣、廖序东，2002：63）俄语中并不存在"并列短语"一说，但俄语中的并列联系（сочинительная связь）和汉语基本等同，是指句子成分或复合句分句间存在的一种平等的、互不依附的句法联系。（Д. Э. Розенталь，М. А. Теленкова，1985：296）因本研究不仅限于短语层面，为研究之便，我们将研究所涉及的俄汉相关结构统称为"并列结构"（сочинительная конструкция）。

0.5.2 语序（порядок языковых единиц）

本书中的"语序"作广义理解，也称"单位序"，即各个层面、各种长度的语言单位和成分的排列次序。（吴为章，1995：429）但本书侧重对平行结构翻译时的语素序和词序的研究。

0.5.2.1 宏观语序和微观语序

学界对宏观语序和微观语序的界定有不同的视角和思考，主要可以归为以下三个视角：第一种界定主要基于研究时是否考虑语言外部因素的划分。传统的结构主义语言学一直将语言看成一个自给自足的封闭系统，对语言、翻译及相关问题进行研究时，不考虑语言赖以生存的社会环境和人文因素，这种以"纯语言"为切入点对语序问题的研究就可以称为"微观研究"；对语言及相关问题进行研究时，考虑到诸多语言外部因素——社会、文化甚至是人的心理因素等种种因素，以此为切入点对语序问题的研究称为"宏观研究"。第二种界定基于所研究翻译单位的大小而定。以句子单位为研究界线，将对大于句子的语言单位顺序的研究称为"宏观语序"，小于句子的语言单位顺序的研究称为"微观语序"。第三种界定指的是一种研究方法和角度。"宏观"指的是"高屋建瓴，对全局性问题的研究"，"微观"指"对细小和具体问题的研究"。（潘文国，1997a：227）

本书所采纳的是第三种界定。笔者以第三种界定作为视角和切入点，既从宏观上和整体上对俄汉两种语言的语序特点进行总体考察，探索造成俄汉语序差异的根本原因，并从语言特点上进行解释，从而加深对两种语言特点的认识；同时又将俄汉两种具体某一语言结构的语序进行对比，找出其中的共性及个性，从而发现导致俄汉具体某一语言结构的表层原因。在翻译中，将俄汉宏观语序研究和微观语序研究相结合，可以互相补充，互相阐发，找到翻译时语序问题中的"症结"所在，从而"对症下药"。

0.5.2.2 静态语序和动态语序

静态语序是指在静态语法结构（包括静态短语和静态孤立句的语法结构）中归纳概括出来的语序，静态语法结构中的句法语序、语义语序，其语序规则具有一般性和普遍性；动态语序是指在动态语法结构（动态语境句的语法结构）中归纳概括出来的语序，这种语序要根据语用表达的需要来安排，其结构成分有的跟静态语序一致，有的不一致。（范晓，2001a：7）总之，静态语序主要是指在客观的、静态的语言环境中对语序的考察研究，主要指语义、语音、句法语序等，具有可复现性。动态语序主要指在实际的语用中对语序的考察研究，主要指语用语序，具有极大的灵活性和多变性。对语序的静态研究是动态研究的基础。

0.5.3 翻译策略

本书主要将俄汉平行结构与译时语序的处理技巧分为移位法和顺序法。

移位法（перестановка/изменение порядка языковых единиц подлинника）：根据原文文本来调整译语语言成分位置的翻译技巧。（Л. С. Бархударов，1975：189）顺序法（сохранение порядка языковых единиц подлинника）：顾名思义，顺序法就是"照搬"原文语序的译文语序处理技巧。顺序法的提出主要是为了避免不该移位而移位的情形。

0.6 研究构架

本书主要分为6章，各章内容如下：

第1章为研究综述部分。笔者主要概述了"对比"作为一种研究方法和研究视角在外汉语对比与翻译研究中的应用史，梳理了俄汉语序对比与翻译研究在国内的研究历史、存在问题及发展前景。

第 2 章为本研究的理论基础部分。在本章中，笔者主要论述了现有与语序相关的两大重要理论，即俄语界常用的实义切分理论和汉英语言界常用的认知象似性理论与语序及翻译的关系，论述了语序在俄汉语中的三大基本功能——语法功能、语义功能和语用功能及其对翻译的启示。

第 3 章为本研究主体论证的第一部分。在本章中，笔者从语义、语音、语用等视角出发，对比俄汉并列结构成分语序在上述层面的排列差异及对翻译策略的影响，并探讨了语义、语音、语用等平面互动下的综合翻译策略。

第 4 章为本研究主体论证的第二部分。在本章中，笔者主要探讨了俄汉多项定语语序对比与翻译研究问题。关于俄汉多项定语语序对比与翻译研究，尝试从语法、语义、语音、语用等平面全方位重点考察俄汉多项定语语序的差异及对翻译的影响。

第 5 章为本研究主体论证的第三部分。在本章中，笔者主要探讨俄汉同位结构语序对比与翻译研究问题。笔者主要从形式结构维度出发，从语法、语义、语用平面来寻求俄汉同位结构组构成分的排序差异及对翻译中语序问题的影响。

第 6 章为本研究的结论部分。笔者总结了本研究得出的主要结论，反思了研究的不足及今后的努力方向。

0.7　语料来源

本书语料主要来源于北京大学现代汉语语料库（CCL）、俄罗斯国家语料库（Национальный корпус русского языка）、俄罗斯文学名著及其汉译本、《俄汉文学翻译词典》等。本书中未标明出处的译例均为笔者所译。

1. 研究综述

1.1 双（多）语对比与翻译研究综述

1.1.1 作为语言基本研究方法的"对比"

我们在阅读各类用中文、俄文或英文撰写的研究语言、翻译甚至是文化的文献时，经常会碰到作者不自觉地将外国的语言现象、翻译理论、文化特色拿来同本国的语言、翻译、文化事实做对比的情况。各大外语类核心期刊中，通过语言对比来研究某一语言现象或翻译转换的论文也不在少数。以俄语界的权威期刊《中国俄语教学》为例，该期刊基本每一期所刊出的文章中，关于语言对比（多数为俄汉对比，偶有英俄对比）的文章至少有一篇，有时甚至会单独开辟"语言对比"专栏。据王文斌不完全统计，仅 2013 年至 2014 年，国内主要外语类 CSSCI（含扩展版）来源期刊共刊载语言类相关研究论文 768 篇，其中外汉对比类研究论文共 53 篇，占语言类论文的 7%；就出版专著而言，同一阶段共出版汉外语言对比类专著 85 部；在国家社科基金相关课题的立项中，以汉外语对比为课题获批的项目多达 15 项，约占项目总数的 10%。（王文斌，2017：32-33）不少中国俄语学者都认同，俄语研究归根结底还是要"接地气"，要同我们的母语有机结合起来才能体现出其真正的学术价值。国内俄语界以张家骅、张会森教授为代表的一批学者着力用俄语理论来解释或对比汉语现象，或用汉语理论来解释或对比俄语现象，提出了深邃的思想见地，取得了令学界瞩目的学术成就。

从以上事实我们可以看出，语言对比不仅是"对比语言学"这门学科所关心的研究内容，更是一种普遍的语言研究方法和语言观察视角。尽管对比语言学还是一门非常年轻的学科，但"对比"作为语言的一种基本研究方法却有着相当漫长的历史。"语言之间的比较源远流长。自有语言研究以来便有语言之间的比较，不同语言之间的比较与语言研究可以说是同时开始的，具有同样悠久的历史。"（许余龙编著，1992：18）可以说，语言研究的历史有多长，"对比"作为一种研究视角和研究方法存在的时间就有多长。

反观汉语语法理论的发展史，也是一段不断借鉴外国语言研究理论和进行外汉对比的发展史。从马建忠的《马氏文通》（1898）奠定汉语语法研究的基础至今一百多年以来，现代汉语语法发展的集大成者，其中包括王力的《中国现代语法》（1943）、吕叔湘的《中国文法要略》（1942）、高名凯的《语言论》（1963）、赵元任的《汉语口语语法》（1979），无一不是参考了拉丁文或英文界已有的语法体系，对比了外汉语的共性及个性，构建了现代汉语自身的语法体系①。其中，赵元任的《汉语口语语法》堪称英汉对比研究的经典，对后世进行外汉对比研究产生了深远的影响。正如潘文国所言，"一部近百年的汉语语法研究史，就是一部汉英对比研究史"（潘文国 1997b：1）。赵元任曾说，"所谓语言学理论，实际上就是世界各民族语言综合比较分析研究得出的科学结论"（王力，1983：40）。吕叔湘先生就很主张通过语言对比来学习外语，"文言里的一句话，白话里一句话，文言里怎么说，这又是一种比较。一句中国话，翻译成英语怎么说；一句英语，中国话里如何表达，这又是一种比较"（吕叔湘，2014：1）。1977 年，吕叔湘在《通过对比研究语法》一文中强调："一种事物的特点，要跟别的事物比较才显示出来……语言

---

① 我国第一部汉语语法研究著作，即马建忠的《马氏文通》（1898），以及黎锦熙的《新著国语文法》（1924）、吕叔湘的《中国文法要略》（1942）、赵元任的《中国话的文法》（1968）、王力的《中国现代语法》（1943）和《中国语法理论》（1944）等语法名著都是通过汉语和外语的对比研究产生的。（连淑能，2010：4）

也是这样，要认识汉语的特点，就要跟非汉语比较；要认识现代汉语的特点，就要跟古代汉语比较；要认识普话的特点，就要跟方言比较……"（吕叔湘，1992：4）同样，拿外语跟汉语进行比较，可以启发我们注意从前容易被我们忽略的现象。

俄罗斯语言学界的情况亦是如此。早在 1933 年，苏联学者波利万诺夫（Е. Д. Поливанов）就著有《俄乌语法对比》（«Русская грамматика в сопоставлении с узбекским языком»）；1937 年，俄国语言学家谢尔巴（Л. В. Щерба）的著作《法语语音：基于法语与俄语发音的对比》（«Фонетика французского языка: Очерк французского произношения в сравнении с русским»）问世；作为苏联对比语言学界的集大成者，加克（В. Г. Гак）通过对比来研究语言的成果显著，主要有《法俄语对比类型学》（«Сравнительная типология французского и русского языка»，1976）、《对比词汇学——以法俄语为例》（«Сопоставительная лексикология: на материале французского и русского языков»，1977）、《法俄语对比》（«Русский язык в сопоставлении с французским»，1988）等（《法俄语对比》一书主要对法俄进行了系统对比，重点关注两种语言的差异）。

以"对比"作为语言研究的基本方法，研究者既可以站在 A 语言的视角去观察 Б 语言，也可以站在 Б 语言的视角去观察 A 语言，也可以将以上两种操作结合起来，对 A 语言和 Б 语言进行相互观察，从而发现两种语言各自的特点，并依据语言事实，对两种语言之间差异的成因作出科学的解释。汉语界学者徐通锵认为："对比的方法论成效比较好，因为它立足于语言特点的研究，能从对比中揭示出汉语的特点，使总结出来的规律具有比较深厚的语言基础。"（徐通锵，2001：6）"我们不妨把它名之为'对比'，这种研究方法有助于语言特点的挖掘和认识，是值得推崇和提倡的。"（徐通锵，2001：2）"理论产生于比较，即使是蕴含着共性的语言现象，不经比较也无法显示出它的共性内涵。"（徐通锵，1999：12）将两种语言进行对比研究，对于我们发现问题、提出问题并解决问题提供了切实可行的操作方法。对比两种语言的共性及个性，不仅可以服务于教学，也可以指导翻译实践活动。从长远来看，以"对比"作为语言研究方法对建立对比语言学学科、丰富翻译研究理论和普通语言学理论意义非凡。

1.1.2 对比语言学与翻译学互邻互补

对比语言学是语言学的一个分支，其任务是对两种或两种以上的语言进行共时的对比研究，描述它们之间的异同，特别是其中的不同之处，并将这类研究成果应用于其他有关领域。（许余龙编著，1992：13）翻译学以翻译全过程（包括客体、主体、过程、结果与影响等）、翻译史、译论史及方法论为研究对象，以促进交流与进步、缩减矛盾与伤害为深层理念，既重视理论的普遍性研究，也重视理论的应用性（包括翻译实践、翻译批评和人才培养）研究，是一门独立的、开放性的、综合性的人文社会科学。（潘文国、杨自俭主编，20：Ⅷ）对比语言学（сопоставительная лингвистика/контрастивная лингвистика）和翻译学之间具有天然的、与生俱来的联系。二者互邻互补、难舍难分。对比离不开翻译，翻译也少不了对比的参与。王宗炎曾经指出，"对比分析是古老的，因为自有翻译以来就有语言对比"（王宗炎，1996：3）。可见，"对比"作为一种基本的研究方法，一直被自觉地或不自觉地运用在翻译理论或实践研究中。

对比语言学与翻译学之间既有区别，又有联系。在本书中，笔者主要借助对比语言学与翻译学之间的联系来研究翻译问题，但"联系"建立在"区别"之上。故笔者将二者的区别及联系一并概括如下：

表 1　对比语言学与翻译学的区别与联系

对比项		对比语言学	翻译学
区别	研究对象不同	语言体系	言语产物
	对比性质不同	语义相同并不是必要条件	对比的语言单位的语义必须相同是对比的前提

续表

对比项		对比语言学	翻译学
区别	研究任务不同	对比语言学应在已确立的基本相同点的基础上来揭示区分性特征，即揭示在整体和个别平面上语言结构中更本质的差异，对这些差异进行分类和系统化，为在实际掌握所学语言过程中正确地克服母语和非本族语之间的对立点制定最佳建议（崔卫、刘戈编著，2000：24-25）	求同
	所属学科不同	语言学	翻译学
联系		一方面，对比语言学和翻译学相互借鉴，相辅相成。对比语言学是翻译的直接理论基础和原始素材，随着对比语言学的发展，越来越多的学者将对比语言学的研究成果用于指导翻译研究与实践，这就是所谓的"翻译理论的语言学派"；另一方面，对比研究则可以为翻译活动提供有用的理性知识，充实翻译的理论和例证（罗启华，1988：99）。	

　　探讨对比语言学和翻译学的区别，是为了明确两门学科各自的界限、研究对象及研究目的。但本书重点关注的是对比语言学和翻译学之间千丝万缕的联系，并尝试利用这种联系来为解决双语互译中的问题服务。一方面，对比语言学中所使用的基本的方法——对比可以为翻译研究所用。作为认识和研究语言的基本方法，对比是翻译有力的辅助手段，一切翻译方法和技巧都基于双语对比。"对比语言学关注语际形式的对等与转换，发现并解释转换中的干扰现象，它为全译求极似、变译求特效提供实践指南，是翻译实践的基础。"（刘丽芬，2013b：A08 版）另一方面，对比语言学的研究成果——探讨两种语言的共性及个性可以应用到翻译中去。语言对比

研究所探讨的"共性"，就是翻译研究所探讨的"可译性"；语言对比研究所探讨的"个性"，就是翻译研究所探讨的"转换"。因此，对比两种语言的"共性"及"个性"，都为翻译研究所需要。

从翻译教学的角度来看，翻译教学过程中的重点和难点正在于力图排除外语学习者头脑中固有的、如影随形的来自母语的"负迁移"，促进"正迁移"。在这一"排负促正"的过程中，对比分析应运而生，并显示出其不可替代的价值。只有通过对比，我们才能有效识别翻译过程中来自外语的"干扰"部分和"促进"部分，并对"干扰部分"作出科学解释和合理分析，形成系统性的汉外思维差异，用原语思维理解原文，用译语思维完成有效转换，明确教与学的重点，避免外语译文中的汉语思维和汉语译文中的外语思维。

总之，翻译学具有跨学科性质，在综合利用相邻学科知识建构自身理论体系的过程中，对比语言学是其最密切、最直接、最根本的母源学科。（刘丽芬，2013b：A08 版）笔者将"对比语言学与翻译学互邻互补"作为本研究依托的基本理论之一，主要依据便是对比语言学作为一门学科所采用的研究思想、研究方法、研究理论和研究成果可以为翻译理论及翻译实践研究提供充足的理论根据及切实可行的操作方法，从而避免翻译时的主观性、经验性和盲目性。

1.1.3 外汉语对比与翻译研究综述

美国人类语言学家沃尔夫（B.L.Whorf）提议建立对比语言学的初衷，就是为了通过对比"相距遥远的语言"来研究"不同语言在语法、逻辑和对经验的一般分析上的重大区别"（潘文国，2007：117），也就是说，一定程度上，所对比的语言差异越大，对比就越有成效。对比的成效越大，对比就越有价值，对翻译的指导效果就越好。外汉语对比（通常为印欧语系—汉藏语系）与翻译研究在中国获得持久广泛关注的原因可以从这里得到解释和验证。此外，西方翻译理论大多建立在"均质印欧语"（Standard Average European）①之间转换的基础之上，这对所属语系差异巨大的外汉语言对比研究及语际转换是否真正具有借鉴意义，需要我们批判性地做出取舍。但乐观地来看，这也是外汉语言对比与翻译研究在中国不仅"经久不衰"，而且"历久弥新"的另一重要原因。

本小节中的"外语"理应首先谈论英语界的状况。无论就关注的热度、研究的深度和广度，还是就研究成果的丰富度而言，英汉语对比与翻译研究在中国比起其他语种（主要是非通用语种/малые языки）的研究无疑要超前许多。因此，本节中，在历时层面上，笔者主要梳理"英汉语对比与翻译研究"在中国起源与发展的历史脉络、研究方法、研究成果、存在问题等研究现状。在共时层面上，笔者也会探讨英语界对其他非通用语种在外汉语对比与翻译研究领域的影响。当然，这里的"非通用语种"中，主要谈论本专业俄语的状况。

英汉语对比与翻译研究发展的时间轴，从国内 1977 年对比语言学与 20 世纪 80 年代后期翻译学分别作为一门独立的学科建立之后开始梳理。尽管自有翻译活动起，将对比的思想运用到翻译中去就已经历了相当长时间的讨论与实践，但双语（甚至多语）对比与翻译作为翻译学的一个分支学科具有清晰的学科意识自然是在两门学科分别创立以后。从学科的理论高度对外汉语对比与翻译研究进行概述，学科意义和科学意义更大，也更值得借鉴。

国内英汉语对比与翻译领域的研究成果主要集中在英语界，汉语界也有一小部分学者对这一课题进行研究，其中的集大成者有刘重德、潘文国、刘宓庆、杨自俭、连淑能、方梦之等。自英语界第

---

① "均质印欧语"（SAE）是由美国人类语言学家沃尔夫于 1939 年提出的一个概念，目的在于给欧洲现代印欧语言分类。沃尔夫认为，这些语言具有一系列相似的特征，包括语法、词汇、词汇起源、用法、习语、词序等，这些特点将它们从世界其他缺乏这些特点的语言中分离出来，这从本质上创建了一个大陆语言联盟。（来自 https://en.wikipedia.org/wiki/Standard_Average_European）

一部关于英汉语对比与翻译研究的系统性著作①——刘宓庆的开拓性论著《汉英对比研究与翻译》于 1991 年问世以来的大约三十年间，借助对比语言学与翻译学两门学科颇为成熟的研究理论和研究方法，英汉语对比与翻译研究在中国如火如荼地开展起来，取得了相当丰硕的研究成果。

国内英语界关于英汉对比与翻译的研究已经建立起十分成熟的理论框架。诸多学者在以遵循"相似性"和"非相似性"并重的对比原则为前提下，既注重语言内部各个层级的语言单位——语音、词、短语、句子、篇章等的对比及翻译，也注重语言外部——民族文化、民族心理、民族思维等的对比，来探讨所对比语言各自的异质性，并从句法、语义、语用甚至思维与文化等视角进行解释，甚至有学者借鉴认知语言学、认知心理学、语言哲学的相关理论来将对比研究建立在较高的理论高度上，最后将研究成果运用到翻译理论研究和实践研究中去，明确提出对比研究的目的是服务于翻译、为翻译提供对策论和方法论。

国内英语界英汉语对比与翻译研究的发展值得我们俄语界参考。首先，关于英汉语对比与翻译的研究成果相当丰富，单以"英汉语对比与翻译"为主题，近二十年出版的著作将近二十部②；而俄语界目前的相关研究只有陈洁的《俄汉语言对比与翻译》（2006）和《俄汉超句统一体对比与翻译》（2007）两本，研究成果略显单薄。其次，英语界通过双语对比来研究翻译理论或实践的热度也要远远

---

① 实际上，国内最早涉及英汉语对比与翻译的著作是彭启良编著的《翻译与比较》（1980）。该书运用对比的研究方法，对英汉词汇、语体、风格等进行对比，从而研究英汉互译中的一些问题。由于该书论述零散，缺乏系统性，未建立起比较成熟的研究框架，本书在此不做探讨。

② 主要有：梅明玉的《汉英语言对比分析与翻译》（2017）、宋畅的《英汉否定概念对比与翻译》（2016）、郭亚银的《英汉对比与翻译研究》（2016）、李建军和盛卓立的《英汉语言对比与翻译》（2014）、吴叔尉和胡晓的《英汉语言对比与翻译》（2014）、邵志洪的《汉英对比翻译导论》（2013）、熊兵的《英汉对比与翻译导论》（2012）、刘全福的《英汉语言比较与翻译》（2011）、秦洪武和王克非的《英汉比较与翻译》（2010）、萧立明的《英汉比较研究与翻译》（2010）、刘瑞琴、韩淑芹和张红的《英汉委婉语对比与翻译》（2010）、邵志洪的《英汉对比翻译研究之二：结构·语义·关系》（2008）等。

高于俄语界。这不仅从上述英语界在相关领域取得的累累硕果可以看出，而且英语界存在专门的学术团体——中国英汉语比较研究会①（其前身是"英汉比译学会"）。在研究会的支持下，英语界会定期举办"英汉对比与翻译国际学术研讨会"，截至目前，已经成功举办了十二期，已结集出版了十一辑《英汉语比较与翻译》②。此外，研究会还不定期出版相关论文集、教材、译著、集刊等，相关学术成果呈多样化。而中国俄语界尚未专门举办过"俄汉语对比与翻译"研讨会，最近一次举办的相关研讨会为 2015 年于复旦大学举办的"21世纪中国首届俄汉语对比研究学术研讨会"，而这与于 1991 年在杭州大学举办的"全国俄汉语言对比研讨会"已时隔 24 年。更重要的是，英汉语对比与翻译的学科意识要远远强于中国俄语界相关研究。从以上复旦大学举办的学术会议来看，国内俄汉语对比与翻译研究——即将"对比"作为翻译的基本研究方法仍缺乏明确的理论追求和实践目标。国内俄语界"俄汉语对比与翻译研究"要达到自成一派、独树一帜的目标任重而道远。通过比较，不难发现，英语界在语言对比与翻译研究领域要比俄语界相关研究成果丰、热度高、范围广、学科意识更强③，值得俄语界借鉴。

---

① 1994 年，中国英汉语比较研究会在长沙成立，并出版会刊《英汉语比较研究》，将汉外对比，特别是英汉对比研究推向了一个新高潮（潘文国、杨自俭主编，2008：405）。中国英汉语比较研究会（China Association for Comparative Studies of English and Chinese）官网为：http://www.cacsec.com.

② 笔者搜集到了十一辑的《英汉语比较与翻译》，并通过研究发现，该系列论文集的编排思路与笔者在本书中所采用的研究思路有所差别。该论文集一般分为英汉语言对比研究、英汉文化对比研究、英汉翻译研究等三个领域来分别展现最新研究成果，将英汉语言与文化对比同翻译研究割裂开来，呈"自家各扫门前雪"的状态。而本书中笔者将"对比"作为语言的一种基本研究方法和指导思想贯穿翻译研究的始终。

③ 根据国际惯例和学术界公认的标准，一门学科的形成和确立，除了具有区别于其他学科的专门理论体系和实践成果外，还需要具备一些保证其持续运作和发展的基本外部条件。这些外部条件至少包括具有自己的行业协会团体、有自己的专业性杂志、在高等院校和专门研究部门中有自己的系科或研究所、设立专任的教授职位和系统的研究生（硕士、博士）教育体系等。（参见陈跃红《学术的国家意识与国际意识——乐黛云先生的学术视野》，见《中国比较文学》，1999 年第 2 期，第 97-109 页。）

1.1.4 俄语界双（多）语对比与翻译研究综述

"俄语界"按地理位置可划分为两个范畴：苏联、俄罗斯俄语学界和中国俄语学界。因此，在本小节中，笔者既会对苏联及俄罗斯俄语学界外俄语（主要是英俄）对比与翻译研究的思想起源、研究现状进行概述，也会对中国俄语学界俄汉语对比与翻译研究进行梳理，后者是研究重点。

苏联俄语界外俄语对比与翻译研究的思想发轫于翻译的语言学理论[①]（лингвистическая теория перевода）。巴尔胡达罗夫（Л. С. Бархударов）曾言："我们甚至可以认为，翻译的语言学理论正是对原文本和译文本在语言学方面的对比分析。"（Л. С. Бархударов，1975：28）巴尔胡达罗夫的观点不无根据。因为当时翻译理论研究的主要特点是把翻译理论同对比语言学联系起来，在对比原文和译文两种语言现象的基础上，揭示两种语言的对应规律。20 世纪 50 年代，苏联翻译理论界开始借鉴语言学理论来研究翻译。其中，列茨科尔（Я. И. Рецкер）的《论外译俄中的规律性对应》（«О закономерных соответствиях при переводе на родной язык»，1950）一文可谓是苏联翻译理论语言学派的开山之作。在本书中，作者指出了未来翻译研究中很重要的一个思想和发展方向，即语言对比与翻译研究思想。作者认为，"若缺乏坚实的语言学基础，翻译研究不可想象。翻译研究的语言学基础正是在对原语和译语语言现象进行对比研究的基础上在两种语言间建立规律性对应。两种语言在词汇、句法、修辞等方面的对应应成为翻译理论的语言学基础"（Я. И. Рецкер，1950：

---

① 在最初苏联翻译的语言学派的代表人物，诸如费奥多罗夫（А. В. Фёдоров，1953、2002）、巴尔胡达罗夫（1975）等学者的著作中，"翻译的语言学理论"（лингвистическая теория перевода）又被称为翻译语言学（лингвистика перевода），单从"翻译语言学"这一名称就可看出，学者们起初是将翻译作为语言学的研究对象和研究的一部分进行研究，正如今天语言学研究所涵盖的各种分支学科心理语言学、社会语言学、认知语言学、语言文化学的名称一样，这并不科学。后来科米萨罗夫（В. Н. Комиссаров）提出的"语言翻译学"（лингвистическое переводоведение）这一概念明显是苏联及俄罗斯创立现代翻译学、将翻译学从语言学研究独立出来、从语言学角度研究翻译的一大进步。

156）。列茨科尔明确了原文和译文的对比分析法在揭示翻译过程中语言规律的重要作用。后来，苏联翻译理论界的费奥多罗夫、巴尔胡达罗夫、施维采尔（А. Д. Швейцер）、科米萨罗夫等学者继承和发展了这一思想。

20 世纪 70 年代是苏联翻译语言学理论的蓬勃发展阶段。仅 70 年代到 80 年代十年间相关领域所取得的研究成果就远远超过了前二十年的成果。这一阶段所涌现的显著成果有：科米萨罗夫的《论翻译》（«Слово о переводе», 1973）以及之后的《翻译语言学》（«Лингвистика перевода», 1980）、施维采尔的《翻译与语言学》（«Перевод и лингвистика», 1973）、列茨科尔的《翻译理论与翻译实践：翻译的语言学理论概要》（«Теория перевода и переводческая практика: очерки лингвистической теории перевода», 1974）、巴尔胡达罗夫的《语言与翻译（翻译通论分论问题）》[«Язык и перевод（Вопросы общей и частной теории перевода)», 1975]、切尔尼亚霍夫斯卡娅（Л. А. Черняховская）的《翻译与意义结构》（«Перевод и смысловая структура», 1976）等。切尔尼亚霍夫斯卡娅通过对比俄英语句实义切分手段的不同来证明翻译时原文的基本信息结构应在译文中得以保留，在翻译过程中，译者需要进行一系列有规律的转换活动。列茨科尔运用对比语言学的方法来研究翻译，通过将英语的词汇、语法、修辞同俄语相应的语言单位进行对比来研究翻译中使用的各种翻译技巧。巴尔胡达罗夫认为，翻译理论与对比语言学密切相关。翻译的语言学理论就是对比话语语言学理论，更确切地说，是对比不同语言中语义相同的话语。正确地传达句子的实际切分乃是求得等值翻译必不可少的条件。1990 年，科米萨罗夫在其著作《翻译理论（语言学视角）》[«Теория перевода（лингвистические аспекты)»] 中指出，"对比分析法（сопоставительный анализ），即将译文的内容和形式同原文的内容和形式进行对比的方法，是翻译的语言学理论研究的重要方法"（Комиссаров, 1990：37）。

由以上分析可以看出，通过语言对比来研究翻译在苏联及俄罗斯有一定的历史渊源。翻译学这门独立学科从一产生就与对比语言学有着千丝万缕、不可分割的联系。苏联和俄罗斯的翻译理论思想也对我国的翻译理论与翻译实践研究以及翻译教学产生了深刻的影响。双（多）语对比也是中国俄语学界进行翻译研究的重要视角和方法。

1992年，王福祥教授主编的《对比语言学论文集》为当时在我国新兴不久的对比语言学的发展注入了新鲜的活力。该论文集不仅限于英汉两种语言对比，还包括汉俄、汉日、汉德语言对比，以便各语种间相互启发、相互借鉴。对比研究不仅限于过去语音和语法体系等微观层面的对比，还涉及语义、修辞、篇章、文化的对比。几乎同时期的代表人物还有蔡毅、陈升法和武树元等。蔡毅在《对比语言学·翻译理论·翻译教学》（1993）中论述了对比语言学与翻译学之间的区别和联系以及对比语言学对翻译研究与翻译教学的启示；陈升法在《俄汉语民族文化语义的对比与翻译探讨》（1990）中对比了俄汉民族文化语义异同，并以带有民族文化语义的俄语词汇的汉译为例，提出处理俄汉差异的技巧；武树元在《俄汉语言对比研究与翻译》（1986）中主要探讨了俄汉多项状语语序对比与翻译问题。

21世纪以来，国内俄语界杨仕章、陈洁、廖红英等学者在对比语言学与翻译研究方面取得了显著的成就，为推动国内相关研究的发展做出了杰出的贡献。杨仕章在《语言翻译学》中指出，对比语言学的研究成果是翻译分析的出发点，因为对比语言学主要揭示两种语言在结构、体系与使用规范上的差异，而这种差异恰恰决定了使用哪种翻译转换形式，"对比语言学常常能回答翻译为什么会做这样或那样的处理"（杨仕章编著，2006：62）。陈洁的专著《俄汉语言对比与翻译》（2006）是国内第一部全面、详尽地介绍研究俄汉语言对比与翻译的专著，它为后人以俄汉语对比为视角来研究翻译提供了基本的指导思想。次年，陈洁的专著《俄汉超句统一体对比与翻译》（2007a）问世。在该著作中，作者的研究对象已经超出了句子的界限，转向俄汉超句统一体对比研究和翻译问题。廖红英的《俄语词序与俄译汉》（2016）基于实义切分理论，详细论述了俄语词序在话语中的重要作用及对翻译的影响。

总之，改革开放以来，我国俄汉语对比与翻译研究开始理性起步，并保持着稳中求进的发展态势。四十余年间，相关领域研究成果有期刊论文 13 篇、硕博士论文 17 篇、专著 4 本。同时，我们也应看到我国俄汉语对比与翻译研究领域尚存在一些问题：第一，进行单纯对比研究的多（梁达，1957；许高渝，1990、2000；赵敏善，1994；崔卫、刘戈编著，2000；姜宏，2000；张会森，1991、1996、2001、2004；王福祥、吴汉樱，2012；刘丽芬，2013a；陈国亭，2014；等等），将对比成果运用到翻译中的少；第二，研究方法多以定性研究为主，较少涉及语料库等概率统计定量研究方法。直到今天，以"对比"作为翻译的研究方法仍受国内语言学界的青睐。

最后，笔者引用蔡毅先生的论述来说明对比语言学和翻译学之间的关系："对比语言学研究不同语言功能单位之间的关系，同时也就为建立翻译理论打下必要的基础，换句话说，对比语言学可以为翻译理论提供原始素材。实际上所谓的翻译方法和翻译技巧正反映了不同语言的同义话语在功能结构上的差异。翻译中为了消除这类差异而保留不变值，就必须采用翻译方法和技巧。对比语言学可以回答为什么在翻译中需要采取某种翻译方法和技巧的问题。"（蔡毅，1993：18）

1.2 俄汉语序对比与翻译研究综述

1.2.1 俄汉语序对比与翻译研究在中国：回顾与展望

虽然俄汉语对比与翻译研究在我国方兴未艾，但关于俄汉语序对比与翻译的研究成果并不多，仅散见于一些期刊论文和专著的个别章节中。据笔者考察，目前我国尚未出现关于俄汉语序对比与翻译研究的专著，与此相关的硕士、博士论文也寥寥无几。现笔者将我国俄语界已取得的俄汉语序对比与翻译研究成果做一综述，并从宏观上对俄汉语序对比与翻译的研究现状和存在问题进行评析，最后在此基础上指出俄汉语序对比与翻译研究在我国所面临的发展任务。

鉴于语序（порядок языковых единиц）是"各级语言单位在上一级语言单位内的先后次序"（潘文国，1997a：219），所以从俄语角度出发，语序可以细分为：语素序、词序、分句序、句序、段序、节序甚至章序。在本节中，笔者主要从以上层级语言单位的上一层级单位为切入点，分别从构词法层面、短语层面、句子层面、超句体层面、全文通篇层面等层面对我国俄汉语序对比与翻译研究现状做一综述。

1.2.1.1 构词法层面

构词法层面的俄汉语序对比与翻译研究主要涉及俄汉复合词语序的对比与翻译研究。这一层面之所以称为构词法层面，是因为从构词角度讲，俄汉复合词在两种语言中的地位并不平等。汉语中的复合词直接由语素组构，属一次构词，而俄语中的复合词是二次构词，即先由语素构成词，再由词构成复合词。关于俄汉复合词构成成素语序对比及翻译问题，我国俄语界几乎没有相关研究成果。姜艳红和王清在《汉俄语反义词构成的复合词和成语的语序对比》（2014）一文中，从逻辑和认知视角对俄汉反义词构成的复合词语序进行了对比分析。虽然该文仅涉及俄汉语序对比，但对翻译研究仍有启发意义。关于这一层面的俄汉语序对比与翻译研究得较少，但其重要性不言而喻，有待继续深入挖掘。

1.2.1.2 短语（词的组合）层面

汉语中的短语是意义上和语法上能搭配而没有句调的一组词（黄伯荣、廖序东主编，2002：59），汉语中的短语又叫词组，但这里的词组并不等同于俄语中通常意义上的"词组"。现代俄语句法学通行的观点认为词组（словосочетание）是"两个或两个以上的实词在主从联系的基础上构成的句法结构"（Ю. Н. Караулов，1997：517）。汉语中的"短语"实际上相当于俄语中的"词的组合"（сочетание слов）。短语（词的组合）层面的俄汉语序对比及翻译研究主要涵盖了俄汉并列结构、偏正结构、多项定语语序、多项状语语序对比及翻译问题。

金大辛在《汉俄语定语结构词序的一些对比》（1959）一文中通过实例考察了俄汉定语语序的主要差异及翻译时的语序调整问题。作者认为，俄汉定语语序主要存在以下差异：①汉语定语语序比俄语更加稳固；②汉语中递加定语语序通常为：代词＞量词＞性质形容词＞关系形容词＞名词，俄语遵循相似的语序，但物主代词和数词顺序可互换；③俄语中的一致定语和非一致定语译为汉语时都前置于名词；④俄语物主代词的位置比较灵活，而汉语物主代词永远前置；⑤俄语形动词短语作定语时一般置于被说明词之后，汉语译文定语常前置，但不排除例外；⑥俄语带定语副句的主从复合句译为汉语时，定语副句要调换位置，前置于主句中的被说明词。

武树元在《如何翻译俄语长定语》（1987b）一文中，探讨了在"不改变俄语原文的句法结构，不破坏原文叙述的事理逻辑，不违背原文句子的语义重点和句子的整体结构"的情况下，如何将俄语长定语译为次序合理的汉语长定语的问题。作者指出，汉语定语分为限制性定语和描写性定语，前者用以确定事物的类别和范围，说明事物的归属、范围、时间、地点、数量等，后者用以指明事物的特征，具体为事物的性质、性状等。汉语译文中多项定语的排列具有有序性，并且作者总结出以下排列规律：①当汉语译文长定语只由限制性定语组构时，长定语排序遵循"表领属和范围的定语通常置于最前"的排序规律，例如"Он **самый старый** рабочий **на заводе**. / 他是**厂里最老的**工人。"当限制性定语中包含主谓短语、动词短语、介词短语时，结构复杂的定语＞结构简单的定语，例如"**Та** книга о Ленине, **которую он только что купил**, очень полезна. /**他刚买的那本关于列宁的**书很有用。"②当汉语译文长定语只由描写性定语组构时，长定语排序遵循"结构复杂的定语＞结构简单的定语"的排序规律。例如"Это **славный, много обещающий** парень. /他是一个前途远大的好小伙。"③当汉语译文中同时存在限制性定语和描写性定语时，长定语遵循"限制性定语＞描写性定语"的排序规律，例如"**Два непримиримые основные** направления **в философии/ 哲学上两个不可调和的基本**派别"。

杨开三在《简论俄汉定语外部形式的不同》（1989）一文中从句法和语义角度探讨了俄汉定语顺序的不同及翻译问题。作者将俄汉定语语序的不同归纳为：①俄语中表示性质的定语前置于名词作一致定语，表示所属的定语后置于名词作非一致定语，而汉语多项定语排序一般前置，具体遵循"谁的＞多少＞怎样的＞什么样的＞名词"的排序规律，例如"**那件新制的翠绿的假毛葛驼绒**旗袍"；②俄汉定语大小概念排列顺序不同，俄语中定语一般遵循小中大概念的排序原则，汉语语序相反，例如"Первая сессия **всекитайского собрания народных представителей Китайской Народной Республики шестого созыва**/中华人民共和国第六届全国人民代表大会第一次会议"。翻译时，应根据俄汉定语语序的差异进行转换。

关于俄汉多项状语语序对比及翻译问题，武树元在《俄语和汉语中多项描写性状语的表达方式》（1987a）一文中，将描写性状语分为两类：单纯描写动作方式的状语和既描写动作方式又描写动作发出者心理状态的状语。作者着重对比了由这两类状语组构的俄汉多项描写性状语语序问题，并得出结论：①俄语多项描写性状语之间是并列关系，可用连接词 и 联结，而汉语状语间是递加关系，状语之间多不用联结词；②俄语多项描写性状语的排序比较自由，汉语译文中描写动作发出者心理状态的状语应位于描写动作本身的状语之前，例如"И я ещё крепко и с удовольствием пожал ему руку.（А. Пантелеев, Честное слово）/于是我再次**满意地紧紧**握住他的手。"此外，王秉钦在《语言与翻译新论——语义学、对比语义学与翻译》（1998）一书中专辟一节，简要分析了外贸俄语中多项定语和多项状语语序配列及汉译问题。

闫德胜在《俄译汉中偏正结构调换语序翻译技巧》（1990）一文中，根据俄汉语修饰关系和被修饰关系用语习惯的不同、概念大小与数词连用位置的不同、修饰语与被修饰语关系远近的不同、定语结构繁简的不同论述了俄译汉中偏正结构主次二项互相易位、调换修饰语位置等翻译技巧。

闫德胜在《科技俄语翻译中并列结构调换语序翻译技巧》（1991）一文中，从科技俄汉并列结构成分语序的思维差异、客观规律、语言特色、语法、修辞、逻辑等限制因素来探讨翻译过程中对语序的调整。

陈洁在《语音与翻译》（2011）一文中独树一帜，首次从语音角度详细探讨了汉语语音对汉语语序的制约及俄汉语语音的差异对俄汉互译中语序问题的影响。作者认为，与作为重音型语言的俄语不同，汉语是声调型语言，"讲求四声及音步的节律组配"。在声调上，汉语中的双音节联合式合成词大多遵循"四声非降"的排列顺序。汉语四字格的组合规律通常是"平起仄收"。在音步上，"成双配对"和"偶启奇止"分别是汉语四字格、六音节词及五音节词、七音节词的音步组配规律。但俄汉语音体系的差异使得汉语语音对汉语语序的制约力在译为俄语时常常消失。例如：汉语中的四字格"山清水秀"为遵循"平起仄收"原则而违背实际语义语序"山秀水清"，译为俄语时，汉语语音制约原则不起作用，译文语序遵循语义搭配原则，译为"красивые горы и прозрачная вода"。

1.2.1.3　句子层面

句子层面的俄汉语序对比与翻译研究主要涉及俄汉互译中句子结构的转化、主谓语位置的调换、形动词短语的顺序、副动词短语的顺序、复合句中分句的语序及翻译研究。国内俄语界对俄汉语序对比与翻译的研究主要集中在这一层面，侧重于从实义切分视角研究俄译汉中主谓语位置的调换。这一层面的主要代表人物有赵陵生（1981、1982、1983）、朱达秋（1993）、盛义朝（2013）等，笔者对以上学者的研究成果归纳如下。

赵陵生在《俄语词序与翻译》（1981）一文中，从语法、逻辑、实义切分等方面来考察俄汉语词序的异同以及对翻译实践的指导作用。在本书中，作者提出了陈述句八种现实切分正序模式，并进行了俄汉语序对比与翻译。

赵陵生在《俄语和汉语判断句的逻辑结构与词序》（1982）一文

中从实义切分的角度对比分析了俄汉语判断句的逻辑结构和词序特点，并通过实例考察了俄汉判断句互译时的语序问题。作者指出，俄汉语言体系的不同导致俄汉语中表达句子的语义重点的主要手段分别是语序和逻辑重音。俄语判断句通常是依靠调整语序来实现一定的交际任务，而汉语判断句主要是依靠主谓语的变换来实现的。当原文中指称部分在前、分析部分在后时，译文语序无须调整。当原文中分析部分在前，指称部分在后时，译文的主谓语需要和原文的主谓语互换。例如：①Главным препятствием познания истины является не ложь，а подобие истины./认识真理的主要障碍不是谎言，而是似是而非。②检验真理的标准只能是社会实践。/Критерием истины может быть лишь общественная практика. 在上述例子中，译文主语和谓语分别是原文的谓语和主语。

赵陵生在《句子的语义重点——俄汉词序比较》（1983）一文中从实义切分角度出发，对比俄汉语表达句子语义重点手段的差异，并详细分析了俄语主语后置情形下句子的交际功能。作者指出，当汉语原文句式为"……的是……""……的有……""是……的"或借助借词"由""归"等手段强调行为主体时，俄语译文常常主语后置。

朱达秋在《实义切分法在俄译汉中的应用——谈 когда 引导的时间状语从句》（1993）一文中，从实义切分角度出发考察了由 когда 引导的时间状语从句在俄译汉时主从句的次序问题。作者指出，复合句中的主句和从句也存在次序问题，而且句子的交际目的和语义重点也是通过主从句的位置变化来实现的。翻译时，当由 когда 引导的时间状语从句前置于主句作主位时，这种顺序也符合汉语时间状语前置的习惯，译文语序无须做出调整。当由 когда 引导的时间状语从句后置于主句作述位时，作者结合原文的逻辑结构及汉语的表达规范，提出了四种翻译方法：①主位译为时间状语，述位译为句子的主要成分；②主位译为前分句，述位译为后分句；③原文的时间状语从句仍译为时间状语，并辅以虚词加以突出强调；④按原文主从句的次序译，作述位的时间状语从属句译为原因句。

盛义朝在《俄译汉中修辞手段的运用和语序的处理》（2013）一文中对比了俄汉语序在整个语言体系中地位的不同，重点探讨了翻译中需要采取"移位法"的情形。

1.2.1.4 句组（句群/超句统一体）层面

句组（句群/超句统一体）层面的俄汉语序对比与翻译研究主要涉及句与句的衔接、句序安排及行文线索等问题。

闫德胜在《句群翻译研究》（1987）一文中，以"翻译是一种逻辑活动"为理论根据，简要对俄汉两种语言句群的深层结构进行了对比，通过分析句群内部句与句的逻辑联系来研究俄译汉中句群内句与句衔接的处理方式，必要时需要调整句序。作者指出，句群上下衔接得是否自然，与上下句内各组成部分的位置安排得是否正确有关。陈洁和陈倩也在《俄汉句群翻译初探》（1993）一文中对相关问题进行了深入探讨。

1.2.1.5 全文通篇层面

全文通篇层面的俄汉语序对比与翻译研究主要涉及俄汉不同语体中的语序对比及翻译，俄汉互译中"篇章的开头、结尾、标题、过渡等特殊篇章构件"的移位（陈洁，2007b：46），段与段、章与章之间的衔接及移位等。

陈洁在《从实际切分角度谈翻译中的词序及行文线索》（1990）一文中，突破了以句子为单位探讨翻译技巧的窠臼，重点讨论了语篇翻译中的语序及连贯问题。作者根据实义切分理论，将常见语篇分为两大基本结构：平行式结构和链式结构。平行式结构又可分为并列平行式、主位平行式和述位平行式。"在具体翻译实践中，译者一般也应按主位在前，述位在后的语序行文传意"（倒装语序例外），必要时合理调整译文语序，使译文或简短整齐，或环环相扣，以达到线索清晰、文意流畅的目的。

闫德胜在《俄汉翻译中的段落分合》（1993）一文中，从俄汉语篇章组织的用语习惯和构思方式的差异出发，将段落的单一性和完整性原则相结合来探讨汉语译文中段落的拆分与合并的处理技巧，以避免译文段落"不分主次轻重杂糅在一起"，使汉语译文"合乎逻辑，顺理成章"。

1.2.1.6 多层面探讨

此外，我国俄语界学者还从多个层面来综合探讨俄汉语序对比与翻译问题。赵陵生（1988a）、闫德胜（1992）、陈洁（1996、2009）、高少萍（2009）等学者做过相关研究。

赵陵生在《语言的民族特点和翻译》（1988a）一文中对比分析了俄汉复合句中分句的次序及句组中句与句的排列次序，并重点讨论了翻译时对句序的调整问题。作者认为，汉语重"意合"，句序一般遵循逻辑或时间顺序，句与句之间在意义上讲究承上启下，在形式上讲究层次分明。俄语重"形合"，句际联系手段多样，句法结构繁而不乱。因此俄译汉时，需要调整译文句法结构，使其符合汉语句序的特点。

闫德胜在《俄汉科技翻译技巧——翻译新探》（1992）一书中以逻辑-语法-修辞为依据，在个别章节中探讨了科技翻译中偏正结构及并列结构词序的局部换位、句式衔接及句群组合中的调换句序、段落衔接中的调换段序等语序处理技巧。

陈洁在《论俄汉翻译中的移位法》（1996）一文中，从俄汉语言体系及表达习惯差异出发，着重从修辞、逻辑、文章章法角度全面研讨了俄译汉时词、词组、独立短语、复合句中从句、独立句子、超句统一体等语言单位的移位。

陈洁和高少萍在《语序与翻译》（2009）一文中，以汉语语序制约原则为基础，从语义、语音、结构、语用、表达习惯等方面对比分析了俄汉并列结构成分语序制约因素的差异及翻译时语序转换规律问题。作者指出："导致翻译中调整语序的主要原因是，不同语言表达同一内容由于构词组句的差异而遵循不同的语序原则。制约汉语语序的主要原则是意义和语音，管约俄语和英语语序的主导原则是意义和结构。"

通过以上对我国俄汉语序对比与翻译研究成果的梳理，可以发现，新中国成立以来，我国俄汉语序对比与翻译研究获得了长足发展，并取得了丰硕的研究成果。俄语界学者分别从词语、句子、句组、语篇等多层面对俄汉语序异同进行了语音、句法、语义、语用上的对比分析，并将对比研究成果，尤其是俄汉语序差异有效运用到翻译实践中。自实义切分理论创立以来，学者们以该理论为基础来进一步研究俄汉语表达同一交际目的、语义中心、信息重点的手段的不同及翻译时对语序的处理、翻译中分句的次序、句与句的次序、段与段的分合与衔接，甚至整个篇章的行文线索等一系列实际问题。相关领域的代表人物有：俄罗斯学界的切尔尼亚霍夫斯卡娅（Л. А. Черняховская，1972、1976）、科夫图诺娃（И. И. Ковтунова，1976、2002）、哈夫罗尼娜（С. А. Хавронина，1986）、西洛夫尼娜（О. Б. Сиротинина，2014），国内学界朱达秋（1987、1993）、陈洁（1990、1996）、闫德胜（1993）、卜云燕和马亮（2016）、廖红英（2016）等。俄语界围绕实义切分理论对翻译中的语用语序问题进行的研究已经颇为成熟。

但以上仅对俄汉语序对比与翻译研究成果从历时的角度进行探讨。从共时的角度来看，结合同一时期英汉语语序对比与翻译研究状况，笔者发现，我国俄语界对俄汉语序对比与翻译的研究仍存在诸多不足，具体可归纳为以下几点：

第一，研究视角比较单一，很少有学者从句法、语音、语用、语义、认知、文化等全方位视角来综合探讨翻译中语序的处理问题。俄汉互译中语序的处理问题是复杂的，译文语序受多方面因素的综合制约。原文语序的各制约因素间的关系是怎样的？译文语序的各制约因素间的关系又是怎样的？各制约因素间存在着怎样的竞争关系？很少有人对此做深入研究。

第二，对俄汉宏观语序对比及翻译问题研究较多，微观语序对比及翻译问题涉猎较少；对静态语序对比及翻译问题研究较多，动态语序对比及翻译问题研究较少。

第三，研究的理论基础比较薄弱，多数研究都以实义切分理论为基础，缺乏系统性、前瞻性的理论知识。此外，与英语界和汉语界相比，相关理论研究比较滞后，对最新理论成果吸收借鉴不够。对俄汉语序对比差异只停留在描写层面，缺乏相关解释，无法形成系统性。

第四，大多数俄汉语序对比与翻译研究以俄语为出发点，主要研究俄译汉。从目前笔者所搜集到的文献来看，几乎没有一篇文章研究汉俄语序对比与俄译问题。而且在俄汉语序对比时，侧重对俄语语序的研究，忽略对汉语语序的研究，缺乏对俄汉语序全面、深入、"平等"的对比，"厚此薄彼"。

针对以上存在的问题，为了让我国俄汉语序对比与翻译研究更为完善，更好地指导翻译教学与实践，未来可以朝以下方向努力：

第一，对俄汉语序对比与翻译进行多角度、全方位深入研究，可考虑多学科交叉研究。尝试对原文本和译文本中各语序制约因素间的关系做一探讨。

第二，夯实研究的理论基础，可以借鉴英语界和汉语界关于语序比较领先的研究成果研究俄语语序，也可以参考认知语言学、语言类型学、语料库语言学等先进的理论和方法来研究俄汉语序对比与翻译。

第三，加强对汉语语序的认识，对俄汉语序进行全面对比，以便更加清晰地认识俄汉语序的共性与个性，做到"知己知彼"，这样能更好地指导俄汉互译实践。

第四，将定性研究与定量研究相结合，对于俄汉语序中无法进行定性研究的地方，引入定量研究，以便得出的结论更全面、更准确、更客观。

综合以上分析，研究俄汉语序对比对俄汉互译而言意义重大。原文和译文中每一个词、短语、句子、句群、段落乃至章节都存在其特有的组词成句规律。只有对比原语和译语语序的异同，并在译文中摆脱原文语序的束缚，按译文语言规范合理安排译文语序并酌情对译文语序进行移位处理，才能准确地传达原文的意义、精神及美感，才能"既进入原文，又跳出原文"。回顾我国俄汉语序对比与翻译研究近七十年的发展历程，要解决上述存在的问题，不仅需要先辈宝贵的经验，更需要后辈不懈的努力。

1.3　本章小结

本章所有理论构成本研究的核心指导思想，贯穿全文的始末。

作为基本语言研究方法的对比有着相当漫长的历史，自有语言研究以来便有语言之间的比较。但"对比"作为一种研究方法既不是语言学研究的专利，也不是对比语言学的专利，对比也可以为翻译研究所用。"对比"不仅是翻译时对原文和译文进行分析的一种基本研究方法，更是一种观察语言的视角。在本书中，笔者所理解的"对比"既是站在俄语语序的视角去观察汉语语序，同时也是站在汉语语序的视角去观察俄语语序，对其互相对比，是一种双向对比，以期对俄汉互译，而不仅仅是俄译汉或汉译俄中的语序处理问题有所帮助，以期对后人有所启发。

具有跨学科性质的翻译学与对比语言学之间具有天然的、与生俱来的联系。二者互邻互补，"难舍难分"。自有翻译以来就有语言对比，对比分析为研究原文和译文异同及翻译转化提供了切实可行的操作办法。在本章中，笔者将"对比语言学与翻译学互邻互补"作为本书研究的基本理论之一，主要依据便是对比语言学作为一门学科所采用的研究思想、研究方法、研究理论和研究成果可以为翻译理论及翻译实践研究提供充足的理论根据及切实可行的操作方法，从而避免翻译时的主观性、经验性和盲目性。

在外汉对比与翻译研究领域，不论就关注的热度、研究的深度和广度，还是就研究成果的丰富度、学科的建设情况而言，英语界的英汉语对比与翻译研究要比其他外汉语对比与翻译研究超前许多。但对汉语的关注度低、"厚此薄彼"是外汉语对比与翻译研究中普遍存在的问题。关于俄语界的双（多）语对比与翻译研究现状，我们分别对苏联、俄罗斯俄语界以及中国俄语界的双语对比与翻译研究进行了概述。苏联俄语界外俄语对比与翻译研究的思想发轫于翻译的语言学理论。费奥多罗夫、巴尔胡达罗夫、施维采尔、科米萨罗夫等人都对英俄对比与翻译做了相关探讨。中国俄语界俄汉语对比与翻译研究也取得了一定的研究成果，相关领域的主要代表人物有王福祥、张会森、蔡毅、武树元、陈升法、陈洁等。

此外，笔者还对俄汉语序对比与翻译在国内的研究状况以及语序在翻译中的功能进行了概述。虽然俄汉语对比与翻译研究在我国方兴未艾，但关于俄汉语序对比与翻译的研究成果并不多，仅散见于一些期刊论文和专著的个别章节中。本章分别从构词法层面、短语层面、句子层面、超句统一体层面、全文通篇层面等对我国俄汉语序对比与翻译研究状况进行了分析，并针对目前研究存在的问题，指出未来国内俄语界关于翻译中的语序问题研究的发展方向。

2. 理论基础

2.1　现有语序研究理论

2.1.1　实义切分理论与语序及翻译

2.1.1.1　实义切分理论及其在解决俄语语序问题方面的价值

实义切分（又称"实际切分"）理论①的创建与发展与语序问题的研究息息相关，可以说，实义切分理论就是为解决语序问题应运而生的。学界公认的实义切分理论是由捷克语言学家、布拉格语言学派的创始人马泰鸠斯于 1929 年在其功能语言学讲义中首次提山，马泰鸠斯认为，在决定捷克语词序的各种因素中，最重要的因素是句子的实义切分。然而，在马泰鸠斯之前，实义切分理论就已经有了思想萌芽。德裔法籍学者、布拉格学派功能主义思想的先驱亨利·威尔（Henri Weil）第一个注意到句子可以划分成"话语基础"和"话语核心"两部分。1844 年，威尔根据自身阅读、翻译古希腊、古罗马作品的经验翻译了《古代语言与现代语言的词序比较》一书，讨论了古希腊语、拉丁语的词序与法语、德语、英语等语言词序的

---

① "实义切分"的俄语原文为 "актуальное членение предложения"，这一术语的汉语翻译通常有两种方案，一种是"实际切分"，另一种是"实义切分"，前者为直译，后者为意译，笔者认为第二种方案更能准确反映这一术语的实际所指，所以本书中涉及这一术语的表达都译为"实义切分"。如若遇到在梳理一些文献的过程中原作者采用了第一种方案，本书会保留原作者本来的说法。

异同。威尔发现，古希腊语、拉丁语中的很多句子并不遵守"主语位于句首，宾语位于句末"的语序规则。有人说这是因为拉丁语有格的变化，宾格名词即使出现在句首依然是宾语，所以词序灵活。但威尔并不认同这种看法，他认为不同的词序表达不同的意思。相对于主语、宾语等"句法运动"的概念，威尔提出了"思想运动"的概念。他认为，句法运动由词尾的变格形式表示，思想运动则由词序表示。这两者不一定同步，句首成分是说话人首先要表达的内容，但不一定是主语。人们在讲述过去的事情，或者讨论跟当前情景没有直接关系的事情时，必须考虑听话人的背景知识，他必须为他打算说的话提供个引子，他必须依赖听话人已经知道的事情，以便接着说对方不知道的事情。因此，威尔提出，一个语篇必须要有两部分：一是出发点，是说话双方都知道的起始概念；一是说话人打算要说的新内容。（姜望琪，2008：188-189）威尔所提出的由词序所表达的"思想运动"的概念为实义切分理论的提出及其在解决综合语语序问题的应用方面奠定了重要基础。

1967年，马泰鸠斯在其著名的论文《关于所谓的句子实义切分》中对这一理论进行了全面、详细的阐述。他指出，要严格区分句子的形式切分与实义切分。形式切分是把句子分解成各种语法要素，基本要素是语法主语和语法谓语。实义切分是揭示句子在一定上下文或者语言环境中的实际意义，基本要素是叙述的出发点和叙述的核心。叙述的出发点表示在一定的上下文或语言环境中已知的内容，至少是显而易见的、可以从语言环境中推测出来的、说话人作为出发点的内容；叙述的核心是对叙述的出发点所做的说明，代表说话人为了达到某种交际目的而叙述的新内容。（王福祥，1984：2）这一"叙述的出发点"也就是我们所说的"主位"，"叙述的核心"是我们所说的"述位"。根据具体语境，同一句子可以通过语序的变化来实现不同的实义切分，由此而来的同一句子的一系列变体就构成了它的交际聚合体。（Н. Ю. Шведова，1980：91）马泰鸠斯运用实义切分的思想和理论在解决捷克语和英语中的语序问题方面取得了显著的成就。实义切分理论是布拉格语言学派对语言研究的一个重大贡献，也是研究俄语语序特点及其本质的一个坚实的理论基础。可以说，实义切分理论的产生一开始就与语序问题息息相关，历经近一百年的发展，学界关于这一理论的研究及其对实践的指导方面硕果累累，实义切分理论在解决语序问题方面也充分彰显出其强大的生命力和科学性。

从语言类型上讲，俄语是典型的综合语，词形变化丰富而繁杂，词与词在句中的语法关系主要依靠形态变化，而不是语序来体现，因此，传统上认为，俄语语序比较灵活，语序的改变并不影响句子意思的改变，并由此推出俄语语序可以自由随意改变。但准确地讲，这里的语序应当称之为"语法语序"，俄语语法语序的改变在很大程度上并不会影响词与词间语法关系的改变，不会影响词在句中所充当的句法功能的改变。实义切分理论的创立和发展为深入理解俄语语序的"非自由性"提供了依据。根据实义切分理论，在具体的交际语境中，句子的已知信息会被放在前面，新知信息会被放在后面，但这已知信息和新知信息在具体的语境中很可能只有一种语序。实义切分理论使得我们突破以往传统语法对俄语语序研究的束缚，走出对俄语语序的片面认知，也使得我们获得了对俄语语序在具体交际中所具有的新功能的认识，即俄语语序的语用功能。值得指出的是，从语言学视角来看，实义切分的提出与发展非常重要的理论价值之一就是打破了以往句子研究只局限于语法和语义层面的研究局面，将研究高度推向了语用层面，使研究者进一步关注到符号与人的关系。俄语语序的语用意义具体体现在以下方面：

首先，根据实义切分理论，俄语语序是表达实义切分的重要手段。在具体的上下文和语境中，俄语语序可以用来表达一定的交际目的和交际意图。在俄语中，同样一个句子，其语序的变化会引起其交际目的和交际意图的变化。俄语语序的一项重要功能是传达说话人的交际目的。例如：

При объяснении нового материала преподаватель / пользуется доской.

Преподаватель пользуется доской / при объяснении нового

материала.

При объяснении нового материала доской пользуется / преподаватель.［大学俄语（第四册），史铁强，2010：265］

以上三句话，从语法上讲，每个词在句中所充当的句法功能相同；从语义上讲，每句话的基本意思都一样；但从语用上讲，每句所表达的交际目的是不同的。通过提问可以发现每句话所要表达的意图是不同的，第一句话是用来回答"Что делает преподаватель при объяснении нового материала？"的问题，第二句是"Когда преподаватель пользуется доской？"，第三句是"Кто пользуется доской при объяснении нового материала？"。因此，在具体的言语交际中，要表达特定的交际意图，俄语语序也就不再那么自由，同一句话，语序不同会导致其交际意图的改变。在翻译时，译者也要把原文中通过语序传达的语用意义表达出来。第一句话应译为：讲解新材料的时候老师使用了黑板。第二句话为：老师使用黑板的时候是在讲解新材料的时候。第三句话为：讲解新材料时用黑板的是老师。

其次，根据实义切分理论，俄语语序可以用来强调语句的信息重点。根据语句的交际任务，可以将其划分成主位和述位，主位是叙述的出发点，是说话人和听话人都已知的，或者从上下文中或语境中可以推测出的信息；述位是说话人对已知信息的阐述和说明，是其要告知听话人的新信息。一般情况下，叙述的顺序都是从已知到未知，也就是说，位于句末的述位才是语句想要表达的新信息和语义重点。例如：Подлинную историю народа можно знать，только зная устное народное творчество. 这句话将副动词短语置于句末，也是作者想要传达的语句重点，是其想要强调的地方，译为汉语时，可以使用"只有……才……"结构，将原文所要强调的信息重点表达出来：只有了解一个民族的口头创作，才能了解它真正的历史。再如：我国革命、建设、改革的历史反复证明，只有制定符合实际的政策措施，采取符合实际的工作方法，党和人民事业才能走上正确轨道，才能取得人民满意的成效。（习近平 2017a：7）/История нашей революции，строительства и реформ неоднократно доказывала，что дело партии и народа может выйти на правильную « столбовую дорогу » и достичь удовлетворяющих народ результатов **только тогда，когда** разработанные нами установки и предпринятые меры соответствуют реальной действительности，а применяемые методы работы не отходят от практики. （Си Цзиньпин 2017：9）这一译例中，原文使用 "只有……才……" 这一结构是为了强调党和人民事业走上正轨所必需的条件，若俄语按汉语这一结构直接译出，并无语法上的错误，但原文中所强调的信息重点并没有传递出来。因此，译文根据俄语中将信息重点后置的语序规范有意调整了语序，将条件后置，用以强调我党一直坚持实事求是、务实高效的工作作风，调整后的语序表达更为地道。

最后，根据实义切分理论，俄语语序在连贯性话语的构建中起到重要作用。在连贯性话语中，所有句子的组合都不是杂乱无章的，而是有自己的结构和语义规范。实义切分的提出为解决话语内部的衔接与连贯起到了重要的理论支撑作用。在单个句子内部，已知信息在前、新知信息在后这一最常见的信息结构模式构成其叙述的基本规律。这种顺序的确定并非没有科学依据，它是以心理学为基础的，符合人的基本认知规律。句子的实际切分以心理判断为依据，人的思维过程都是通过已知的信息把新的信息与客观事物或现象联系起来。（王福祥，1984：37）那么句与句之间，甚至段与段之间是如何通过主题与述题的排列，即语序的安排实现话语的衔接与连贯的呢？王福祥将连贯性话语的结构模式分为横向构成模式和纵向构成模式，横向构成模式即句子由左向右、由前向后排列，向横的方向扩展。横向模式可分为平行式结构和链式结构。平行式结构有三种线性扩展形式：不同的主题由不同的述题加以说明（主题1/述题1. 主题2/述题2）；相同的主题由不同的述题加以说明（主题1/述题1. 主题1/述题2）；不同的主题由相同的述题加以说明（主题1/述题1. 主题2/述题1）。链式结构是由两个或两个以上的句子借助链式关系组合而成的连贯话语。链式结构可以分为顶真式（前一句的主题是后一句的主题）和回文式（前一句的述题是后一句的主题，而前一句的主题又是后一句的述题）。纵向构成模式主要指段落或章节自上而下排列，向纵的方向发展，也可分为平行式结构（每个段落的首句竖列）和链式结构（两个以上段落借助链式关系组合而成，即上一段落尾句的述题成为下一段落首句的主题或者上一段落首句的述题成为下一段落首句的主题）。（王福祥，1984：26-33）也有学者将这类根据主位推进的方式，即通过当前主位与之前主位之间的关系来建立句子之间联系的方式称为"主位推进理论"（范莉，2022：14）。可以说，以上所有的连贯性话语的构建模式覆盖了俄语句子以上的各个层面的话语排序模式，使俄语句子的研究突破了句子的边界，为解读语篇的衔接与连贯以及篇章翻译中的语序问题提供了重要理论依据。范莉指出，于读者或听者而言，主位推进模式是语篇形式与意义衔接的凝固剂，语言信息接收者清楚话语中的主位推进模式有助于理解话语逻辑与内容。于作者或者说话者而言，主位推进模式是帮助语言使用者突出中心、表达观点态度的有效工具，语言信息发出者有效使用话语中的主位推进模式有助于表达"言内之意"与"言外之意"。（范莉，2022：14）

总而言之，实义切分理论的创立为进一步认识俄语语序的另外一面——"非自由性"提供了重要依据，打破了俄语语法语序"自由性"这一认识对非俄语母语者的先入为主的束缚，而且进一步表明在现实交际中，这种"非自由性""固定性"是完全有规律可循的，而不是杂乱无章的。这对于对外俄语教学、俄汉翻译研究与实践及翻译教学具有重要的指导意义。

2.1.1.2 实义切分理论在俄语语言学界的研究概况

实义切分的理论价值及其对实践的指导意义使其从创建伊始就受到了苏联俄语学界的关注和积极探讨，成为各权威语法书的重要组成部分。1954 年苏联科学院出版的《俄语语法》、1970 年苏联科学院俄语研究所出版的《现代俄语语法》以及 1980 年出版的《俄语语法》都对实义切分及其在解决俄语简单句词序问题方面的作用进行了论述。据统计，到 1970 年，凡涉及词序问题的论文和专著没有不谈实义切分的，有关这一理论发表的论文已达到 60 余篇。（吴贻翼等，2003：12）苏联俄语学界对实义切分理论的关注也掀起了国内学界对实义切分的研究热潮。王福祥是国内最早系统地将实义切分理论运用到研究俄语句法现象的学者，他在《俄语实际切分句法》一书中系统全面地论述了实际切分理论的创立与发展、句子的实际切分法与成分切分法的区别、实际切分理论与词序的关系、无连接词复合句、并列复合句以及主从复合句的实际切分法。作者将实际切分理论应用于句子分析，这对研究词序、分析句子的交际结构和交际功能、揭示言语构成的内部规律都具有十分重要的意义。（王福祥，1984）邓军在《篇章中的优控述位》一文中介绍了佐洛托娃（Г. А. Золотова）对优控述位的界定、分类及其在篇章信息的分析和提取中的应用。作者在文中直接指出了实义切分理论更深层的意义：语言学界对实义切分所进行的研究不仅仅使研究者掌握了找出句子中叙述的出发点和叙述核心的理论和办法，它更深的意义应在于将有关实义切分理论研究的成果应用于句子结构之外的篇章结构的分析中。（邓军，1996：35）吴贻翼等学者在《现代俄语语篇语法学》中也对实义切分理论的创立与发展，主位和述位的类型及结构，词组、简单句、复合句、超句统一体、片段等语言单位的实义切分进行了详细论述。（吴贻翼等，2003）华劭基于实义切分理论重点介绍了超句统一体中的语句间的交际接应。华劭认为，超句中的语句不仅在形式上、语义上相互接应，而且按照交际的需要组织起来。作者要把头脑中共现并存的思想或其组成要素鱼贯有序、先后推进地写出来。为了行文顺畅、便于读者理解，作者要考虑上下文的衔接、信息的新旧和冗余与否、读者的知识储备以及主题思想的体现等等。（华劭，2003：232）华劭分别从主位推进程序和超句中的优控述位角度进行了论述。虽然从叙述成分的价值来看，述位表达相对而言新的信息，可能更有价值，但是主位在话语结构的组织中发挥更为重要的作用，主位之间的衔接和领属层次与段落、整篇话语和情景的话语组织密切相关。而优控述位是指话语中一个句子的述位与相邻句子的述位形成的意义关系，述位可以提示语篇段落有语义共性，有助于篇章的切分。如果说主位在超句统一体的结构方面起到重要作用，那么信息量大的述位则在超句统一体的语义关系的形成方面发挥关键作用。（华劭，2003：236）与前人的研究相比，华劭的研究进一步明确了主位和述位在语篇中各自的确切功能和价值，这对语篇翻译具有重要价值，因为在实际翻译中，我们更多地会碰到著作的翻译，对单独孤立句子的翻译和简单综合并不直接等于语篇的翻译，对句与句之间主位和述位关联的准确把控有助于更加科学地处理语篇，特别是对逻辑性要求更高的学术语篇翻译中的衔接与连贯问题。

此外，实义切分理论的提出还促进了国内汉外对比和俄语专业教学的发展。陈洁（2007a）对比了俄汉超句统一体的上限和下限、多项超句统一体及其组成部分之间的意义和结构关系、超句体俄译汉时两种语言表达的异同等问题。靳铭吉（2002）对比分析了俄语主位和汉语话题的结构层次归属、汉语话题与主语之间的关系，以及汉语话题与俄语主位的区别。就教学而言，实义切分首先可以促进俄语语序教学的发展，其次可以促进语篇的教学。邓军指出，从教学的角度来看，基于"优控述位"对语篇进行解码突出了信息主线，可以使学习者很快掌握该段篇章的内容，有助于理解和记忆。（邓军，1996：32）

我们也惊喜地发现，实义切分理论已经被列入新版东方《大学俄语》（第四册）的语法学习部分，所列标题为"词序和句子的实义切分"，这足以表明实义切分理论对俄语初学者在掌握俄语语序方面的基础性和重要性。正如前文所述，俄语句子的实义切分并不等同于句子的成分分析。然而，对于以汉语为母语的俄语学习者而言，在学习的最初阶段都是从了解、掌握俄语句子的基本成分，掌握俄语基础语法开始的。对于他们而言，俄语句子的主要成分和次要成分、动词变位和接格、名词变格就构成了俄语基本的组词构句规律。因此，对于绝大部分俄语初学者而言，掌握了俄语基本的语法规范就等于掌握了俄语语序的基本规律，但事实上远非如此。掌握实义切分理论对于俄语教学，特别是语序的教学具有重要意义。

2.1.1.3 实义切分与俄汉翻译中的语序问题

实义切分理论的价值不仅限于语言学领域。几乎与国内语言学界同时，翻译界的一些学者也认识到实义切分理论对于俄汉翻译理论的丰富发展及其对俄汉翻译实践、翻译教学的指导价值，开始借助实义切分理论来研究俄汉翻译中的语序问题。从俄汉语言的差异来看，译者在从事俄汉翻译的过程中不可避免地会受到来自母语的干扰，受到汉语一些特征和思维模式的影响。汉语是典型的分析语，其语序受到语法的制约很大，多数情况下句子都按主谓宾的顺序排列。进行俄汉翻译时，对于以汉语为母语的人而言，对原文的理解很容易从主谓宾的分析开始，然后仅仅局限于此，并按主谓宾的顺序去组织译文，而忽略句子的交际结构与交际功能，其结果就是译文无法准确传达原文语用语序所表达的交际目的、信息重点或者译文并不通顺连贯。俄语界学者朱达秋（1989、1993）、陈洁（1990、2007a）、蔡毅（2002）、杨仕章（2012）、廖红英（2016）等都基于实义切分理论对俄汉翻译或翻译教学中的语序问题进行了研究。

陈洁（1990）基于实义切分理论对话语结构的划分来探讨连贯性话语翻译中的语序及行文线索问题，突破了以句为单位来探讨翻译技巧的窠臼，把翻译的研究单位推向了一个新的、更高的层次。研究发现，翻译连贯性话语时，其平行式结构或链式结构应得到保留，这样才能使整个译文行文线索清晰、中心突出、文意顺畅。

朱达秋（1993）突破简单句的范畴，依据实义切分理论来探讨 когда 引导的时间状语从句中主句和从句之间的次序关系及其翻译策略。朱达秋认为，俄语复合句同简单句一样，也有次序问题。从实义切分的角度来看，主句表现的并不一定是主要意义，从句表现的也不一定是次要意义，关键要看主从句的相对位置，看其交际目的。同简单句的内部语序一样，正常情况下，俄语复合句内部的切分也是主位在前、述位在后，因此，不管是主句还是从句都有可能在前或在后，翻译时最关键的是要把原文中述位所传达的交际功能体现出来。当 когда 引导的从句位于主句之前作主位时，翻译时语序也符合汉语时间状语位于句首的惯常顺序，因此，作者重点讨论

了 когда 引导的从句位于述位时的翻译情形。通过研究，作者总共归纳出四种翻译方法：可将原文的主从复合句译为简单句，将原文作主位的主句译为时间状语置于句首，原文作述位的从属句译为句子的主语和谓语；将作为主位的主句译为前分句，作为述位的从句译为后分句，когда 译为 "当时""那时""这时"；原文的时间状语从句仍译为时间状语，原文的语义重点由 "只有……才……""是……的" 等加以突出；按原文主从句的次序去翻译，作述位的时间状语从句译为原因从句。когда 引导的时间状语从句是俄语复合句中非常重要的一类，也是中国学生在翻译时很容易因照搬原文翻译而出错的一类，作者的分析梳理为 когда 引导的时间状语从句的翻译提供了重要参考，同时为研究其他俄语复合句的汉译提供了示范。

蔡毅在《翻译杂谈——关于意思结构的翻译问题》（2002）一文中指出，句子的意思结构即句子意思结构成分的排列顺序。句子的信息含量是从主位到述位依次增加。当俄语句子中主语作主位、谓语作述位，按原文翻译成汉语也符合汉语主谓宾的基本顺序，因此此类翻译一般不构成问题。作者重点讨论了原文中直接补语作主位、状语作述位、定语作述位的情形。当直接补语作主位时，可以将译文译成 "被字句"，例如：Натуральную школу / обвиняют в стремлении всё изображать с дурной стороны.（自然派被指责为总想从阴暗面描写一切事物。）当状语是述位时，可以译成 "是在……的"，例如：Он написал свою первую работу / весной 1916 года.（他写出自己的第一部著作，是在 1916 年春天。 / 他是在 1916 年春天写出自己的第一部著作的。）当定语作述位时，可译为动宾结构，例如：За столиком сидел огромный повар / в белой куртке, в белом колпаке.（桌旁坐了一位大块头厨师，身穿白色上衣，头戴白帽。）再如：Крамин покинул правый берег Невы / командиром взвода.（克拉明离开涅瓦河右岸的时候，是一个排长。）

杨仕章在《俄语篇章连贯性翻译研究》（2012）一书中，基于草婴、靳戈、力冈、智量、周扬分别所译的《安娜·卡列尼娜》的五个译本来探讨通过链式、平行式和接续式所构建的篇章的连贯性在译成汉语后的保留与调整以及影响译者选择调整策略的因素。

廖红英在《俄语词序与俄译汉》（2016）一文中指出了在实义切分理论观照下俄语词序的基本功能，并指出俄汉翻译时处理语序的基本原则是信息对等原则，即在翻译时尽可能将原文的主位译为主位，将原文的述位译为述位，使译文保留原文的交际意图和语义重点，并在连贯性方面与原文保持一致。

实义切分理论对解决俄汉翻译中语序问题的重要作用和成果也使得一些老师提倡将这些成果运用到俄汉翻译教学实践中。朱达秋（1989）最早提出要将实义切分句法发展的研究成果运用到俄译汉教学中。作者指出，很多同学完全没有听说过实义切分这一概念，更谈不上将这一理论运用到实际中。这导致他们在俄译汉的过程中从理解到表达出现了很多本来完全可以避免的错误。最典型的要算学生错误理解俄语词序"自由"的意思，在翻译时只知注意其语义内容和语法关系，根本没有意识到要考虑俄语词序的交际功能。为此，作者提议，首先要将实义切分的基本概念、内容和功能介绍给学生；其次要具体介绍俄汉语中表现主题和述题的手段及其依据。具体可分为两点：一是介绍俄汉语中表现主、述题的手段时，说明理据，力争让学生知其然，也知其所以然，以便学生能够灵活运用；二是要按照俄汉语的特点，着重比较俄汉语表现主述题手段的主要相异之处；三是在比较的基础上引导学生在俄译汉实践中运用实义切分的理论和方法，具体为正确理解和表达原文的语义重点、引导学生认识原文句子之间的内在逻辑关联、注意译文在连贯性上与原文保持一致。事实上，让学生在实践中掌握实义切分理论的作用和方法、科学处理俄汉翻译中的语序问题并没有那么容易。尽管现在大学俄语专业的基础教材中已经将实义切分与语序纳入必学内容，很多学生还无法达到学以致用的水平。此外，初级阶段俄语语法的学习本身就已经繁杂到让学生焦头烂额，很多学生也只能顾及语法层面的东西，暂时无暇顾及实义切分视野下的语序这一更高层级的问题。因此，在俄语教学及俄汉翻译教学中，俄语语序的处理其实是个难点，这是一个需要长期逐渐领悟的过程。

值得指出的是，实义切分理论的发展也吸引了英语界一些学者的目光，他们也尝试将实义切分理论的发展成果运用到英汉翻译和英语教学中。王斌（2000）指出，主位推进是语篇连贯的一个重要手段，虽然英语语篇是由框架结构的句子组成，但其发展则呈典型的直线型，语篇的信息有序地相互衔接着，每个句子的内容顺其自然地过渡到下一个句子，主位推进构成了语篇信息延伸与传递的途径。英语语篇是由框架结构的句子组成，英译汉首先要做的是稀释、化解这种结构，使之成为流水句，主位推进起着解剖的作用。而在汉译英中，主位推进发挥着结构功能。英语语篇中层级结构对核心结构的贡献关系明显地表现在形态上，而汉语篇章成分之间的关系往往要靠语境来判别，且无主句较为突出，因此汉译英中，必须补足原汉语中的省略成分，从而形成英语的框架结构。杨常倩和范头姣（2001）讨论了四种基本主位-述位推进模式（主位同一模式、述位同一模式、直线延续模式、交叉接应模式）在英汉翻译中的应用，指出在翻译时要忠实准确地再现原文的话语结构。据范莉对中国知网上（1979.01—2021.07）篇名含"主位推进"的中文期刊论文中关键词的频次统计，越来越多的英语界学者将主位推进理论应用到语篇教学，特别是与语篇紧密相关的写作（53 次）、阅读（15 次）、演讲（4 次）等课程的教学当中。（范莉，2022：15）

综上，实义切分理论从传入中国至今历经了将近五十年的发展，在国内语言学界、翻译界均产生了重要影响，并在俄语教学和俄汉翻译教学中发挥着切实的指导价值。它的发展一是使得诸学者将研究视野转向了大于句子的语言单位，开始借此研究语篇的衔接与连贯问题；二是使学习者更全面地认识到俄语语序的本质及全貌。虽然从语法上讲，俄语语序是相对自由灵活的，但是从语用上讲，实义切分理论让学习者进一步认识到俄语语序的语用功能：在实际交际中，俄语语序对强调句子的交际目的和语义重点、保持话语连贯发挥重要作用。翻译时，译者应力求突破原文句法关系的束缚，要将原文中通过语序传达的语用意义表达出来。

然而，遗憾的是，近些年来，我们很少看到俄语界关于实义切分理论的最新研究成果。在中国特色对外话语体系的建构中，在中国文化、中华学术走出去的背景下，语篇翻译的重要性和现实意义越发凸显，而在这其中语篇的可读性和可接受性就是中国文化对外译介并获得成功的前提和保障，而语篇的衔接、连贯及行文组织就属于语篇可读性的重要范畴。因此，我们也期待基于实义切分理论对话语翻译中的语序问题进行研究的相关成果。

2.1.2 认知象似性与俄汉语序共性

2.1.2.1 关于象似性理论

语言与认知密切相关，是人类认知系统的重要组成部分。不同的认知主体在认知、体验世界的过程中创造了属于自己的语言和文化，从而形成了不同的概念系统和表征体系。象似性作为研究人类语言结构与认知经验之间相关性的依据，是认知语言学的重要组成部分。汉语界学者吴为善将"象似性"界定为"感知到的现实形式与语言成分及结构之间的相似性，也就是说，语言的形式和内容（语言符号及其结构序列的能指和所指）之间的联系有着非任意的、有理据的、可论证的属性"（吴为善，2011：199）。认知语言学领域学者文旭对象似性也有类似的概括：语言符号的象似性是相对于任意性而言的，它指语言符号的能指与所指之间的关系不是任意的，而是有理可据的。（文旭、司卫国，2020：2）总而言之，象似性的提出是对"语言形式与意义间充满任意性"的观点的反叛，使越来越多的学者开始寻求语言形式与意义之间的紧密连接。

吴为善将象似性的兴起原因归纳为三点：一是功能学派的崛起带来语言观的变化，语言学家不再将语言视为自给自足的纯形式系统，因此必然会寻求隐藏在形式背后的语义和功能动因；二是当代语言类型学的共性研究经过几十年的发展成就已经斐然，人们在归纳出来的大量语言共性规律的基础上开始试图解释这些规律，发现在众多毫无亲缘关系的语言里一再出现某些相似的"形式-意义"匹配关系，从象似性的角度对此作出解释是顺理成章的；三是认知语言学的产生进一步推动了象似性的研究，这一学科的一个基本主张

就是语言结构直接映照经验认知的结构，语言象似性因而被视为支撑这一主张的强有力的证据。（吴为善，2011：199）

"象似性"这一概念最早由皮尔斯（Charles Sanders Santiago Peirce）于 19 世纪末提出，他明确指出，在每一种语言的句法里，都存在着由约定俗成的规则所辅佐的合乎逻辑的象似符，并且他根据符号之间的象似关系将符号分为象似符（影像、图样、隐喻）、引得符和标识符。后来，海曼（John Haiman）在此基础上指出，人类语言里的象似符主要是"影像"和"图样"，尤其是后者。1994 年，吉翁（Thomas Givon）进一步完善了前人的研究，并提出了学界如今所公认的象似性的三大核心类别：数量象似性（意义越多，越不容易预测，越重要，形式就越多）、距离象似性（功能上、概念上和认知上距离越近，形式上的距离也越近）和顺序象似性（其他条件相同的情况下，叙述的顺序对应所描述的时间的顺序）。（吴为善，2011：205）象似性这一语言动因广泛存在于汉俄语中，现在分别加以阐释。

数量象似性是指语言单位的数量映照它所表示概念的数量和复杂程度（文旭、司卫国，2020：2）。也就是说，一个语言单位的数量越多，它所表达的概念、所承载的信息量就越大，在形式上也越复杂。这一趋势反映了语言单位与现实世界之间的映照关系。从形态上讲，世界上的众多语言中，复数的形式要比单数的形式长。例如：汉语中的"同学/同学们"，俄语中的"город/города"。在印欧语言中，最高级的形式要复杂于比较级，而比较级要复杂于原级。例如：俄语中的"красивый/красивее/красивейший"，尽管 красивый 的比较级在音节数量上和原形是一样的，但是词尾是经过复杂变化的，所以形态上其实更复杂。句法层面也存在这样的复杂象似性：在任何一种语言里，若形式 X 修饰 A，XA 在概念上一定比 A 复杂，而 XYA 一定比 XA 复杂，XYZA 一定比 XYA 复杂。（吴为善，2011：208）例如：По выходным мы часто ходим в бассейн.（每周六我们经常去游泳馆。）/По выходным мы часто ходим в бассейн, который находится недалеко от нашего дома.（每周六我们经常去离家不远的那家游泳馆。）在这两句话中，汉语与俄语中结构更复杂的单位所表达的信息都更复杂。此外，象似性也可以解释一些语言的重叠或者重复现象。通常，说话者可以用名词的重复表示复数或集合概念，用动词的重复表示动作的持续或反复，用副词的重复表示程度的加深。这一现象在汉语与俄语中广泛存在。例如，汉语中的"家家户户"是通过单个名词"家"和"户"的重复来说明"每家每户"，"恩恩怨怨"通过重复来说明恩怨的复杂和多样；俄语中会说"он идёт и идёт"（他走啊走），这是通过动词"идёт"的重复来表现动作的持续。再如：Я пытался найти в словаре русские пословицы об отдыхе и не нашёл. Но зато нашёл много пословиц о том, что надо работать и работать.［大学俄语（第二册），史铁强，2010：194］（我试图在词典中找一些俄罗斯关于休息的谚语，但是没找到，却找到了很多关于不断工作再工作的谚语。）这一例句中，俄语原文通过两个"работать"的重复来强调动作的不断持续。在俄语中还有已经非常固化的副词重复构词，如"очень-очень"（非常非常）、"еле-еле"（十分勉强地，眼看就）、"только-только"（刚刚，仅仅，勉强）等，都是通过副词的重复来实现程度的加深；也有相对固化的形容词重复构词，例如，"небо синее-синее"（天空很蓝很蓝）就是通过形容词的重复来实现性质的加强。

距离象似性是指语言成分的距离与它们之间的概念距离相对应，也就是说，在功能、概念以及认知方面靠得越近的实体，在语码层次上就靠得越近。（文旭、司卫国，2020：2）因此，这一象似动因也被称为"相邻原则"。通俗地讲，就是元素表层形式连接越紧密，其意义往往也越紧密，它体现的是形式关系对意义关系的临摹。（吴为善，2011：215）距离象似性的概念内涵决定了它可被广泛使用在汉语领属结构和俄汉语言单位的排列顺序动因阐释上，尤其是后者。汉语中很有名的一个例子就是"我的书"和"我爸爸"，我们也可以说"我的爸爸"，但是不可以说"我书"。原因在于物主代词与名词之间领属关系的亲近程度——是"可让渡"还是"不可让渡"的。"可让渡"指那些可转让的、非永久性的领属关系，如人与其个人用品、私人财产物品之类的关系等；"不可让渡"指领属者和所属物之间较为稳固、不可分离、永久性的关系，如人与身体部位或某些抽象的所属物（名字、性格之类）的关系以及亲属关系等。（吴为善，2011：223）根据这一界定，"我"与"爸爸"之间的关系是不可让渡的，而"我"与"书"之间的关系是可让渡的，前者之间的语义关系非常紧密，"的"字可以省略，而"我"和"书"之间的关系松散，中间必须加"的"。需要指出的是，距离象似性动因对汉语与俄语中诸多语序排列规则呈现出非常强的解释力。汉语界学者陆丙甫所提出的"语义靠近原则"就是对距离象似性的最好阐释。而在俄语中，距离象似性也有体现。很多俄语语法书中都对性质形容词、关系形容词与其所说明的名词的相对位置进行了界定，要求性质形容词＞关系形容词＞中心语，这一排序也可以从距离象似性角度得到印证。在俄语中，性质形容词是通过说明事物本身的性质直接表示事物的特征，这种特征是可以被人的感官识别的、程度上有差别的、变化的特征，例如 густой туман（浓浓的雾）、тихая Волга（静静的顿河）等，而关系形容词是通过确定与另一事物的关系来间接表示事物的特征，例如 деревянный стол（木桌子）、читальный зал（阅览室）。（张家骅主编，2006：36-37）从距离象似性角度来看，俄语的关系形容词表示功能、材质等特征，与所修饰词之间关系更加紧密，更加稳固，且不易变化，而性质形容词是表达人的主观特征，主观性更强，且更容易变化，因此关系形容词与被说明词之间的关系更加紧密，概念距离更近，反映在语言形式上就是距离更加近。

　　顺序象似性指句法结构的排序与其所表达事件发生的先后顺序一致，换言之，语言使用者把自身对世界的感知和识解过程映现在句法结构上，表现出一种"线性顺序"。（文旭、司卫国，2020：2）从这一界定可以看出，顺序象似性动因本身就是用来解释一些语序现象的成因，但与距离象似性不同的是，顺序象似性用以阐释的是语言单位因为现实事件发生次序而产生的排序，而距离象似性用以阐释的是词与词之间因彼此概念距离而产生的相对顺序。顺序象似性首先突出地体现在时间顺序上，而时间顺序的观念是人类认知结构中最重要、最根本的观念之一，是体现在语言形式中的显性顺序象似动因；同时，顺序象似动因还体现在基于我们认知经验的范畴顺序，它同样在语言形式中得到充分反映，只不过比较隐秘，是体现在语言形式中的隐性顺序象似动因。（吴为善，2011：229）时间顺序原则在俄汉语序中都有明显的体现。汉语中，大量语言事实表明，并列复合句、连谓结构、结果补语结构、状态补语结构等的语序规律可以用时间顺序原则来解释，如："你来[1]，我告诉你[2]。""我去超市[1]买菜[2]。""我再找点例句[1]写论文[2]。"这三句话都是第二个动作发生在第一个动作之后，有了第一个动作才能发生第二个动作。俄语中常见的也有并列复合句，如：Утром Наташа встаёт в половине седьмого[1]，делает утреннюю зарядку[2]，чистит зубы[3]，принимает холодный душ[4] и выходит из дома[5].（早上娜塔莎六点半起床，做早操，刷牙，洗澡，然后出门。）这一俄语例句中，所列五个动作的顺序其实就暗含了这些事件实际发生的先后顺序。时间顺序原则还可以进一步延伸为范畴顺序原则，这些范畴可进一步划分为自然顺序范畴和规约顺序范畴。前者是指自然界和社会领域存在的某种过程或周期顺序意义的范畴（吴为善，2011：233），比如汉语中说春夏秋冬、一周七天循环往复、从讲师到副教授到教授的职称评定次序等，后者是指一些并列范畴各项在语符链上所表现出的一种规约顺序，比如说男女老少、德才兼备、东西南北、人与自然等；俄语中也说 весна-лето-осень-зима，человек и природа 等。按理说并列的范畴并没有必然的顺序，这种顺序表面上看起来好像是随意的，但实际上都可以发现某种理据，因而是一种规约性的顺序。这种语言形式的规约性顺序是对语言使用者认知概念规约性顺序的一种临摹，也是顺序象似性的一种体现。（吴为善，2011：233）"男女老少"体现了男尊女卑、长幼有序的宗法伦理观念。当然，俄语与汉语并不是在所有并列结构的规约顺序上都是一致的，这需要全面对比，深入探讨。

2.1.2.2 认知象似性与语序问题研究概述

由以上论述可知，认知象似性中的距离象似性和顺序象似性对汉俄语中的诸多语序现象，特别是汉俄语序共性具有很强的解释力。汉英俄语界诸多学者，尤其是汉英语界（张敏，1998；文旭，2014；陆丙甫、陈平，2020；王寅，2021；王文斌、艾瑞，2022）也对此进行了非常深入的研究，下文分别加以概述。

张敏（1998）认为，汉语在大小时间概念、大小空间概念、整体-部分、容器-内含、物主-领有物等多种关系上相当一致和系统地体现出认知过程和语序安排的对应，这是象似机制作用的结果。而此处的次序象似性反映的正是对事物的认知次序同语序之间的对应关系。较之，英语在这方面所体现出的象似性要远远低于汉语。（张敏，1998：166）

文旭（2014）基于象似性理论进一步提出制约英汉语序的四大原则：图像序列原则（可分为线性序列语义原则、线性序列语用原则）、与说话人接近原则（可分为时空接近原则、与典型说话人接近原则、内部接近层次原则）、邻近象似原则（简单邻近原则和相对邻近原则、关系词原则）和文化规约象似原则。作者主要基于英汉语序提出这些原则，但在俄语语序中也可以找到共性，也值得进一步关注。

陆丙甫和陈平（2020）考察了距离象似性对大量语言形式（包括语法虚词、词缀与词根的距离远近及两者关系的疏密、多项状语和定语组成部分的相对顺序、句子成分之间关系的松紧等）的塑造和制约作用，作者认为，语言成分形式上的紧密程度和意义上的紧密程度两者之间存在高度的正相关。在语言成分的形式与意义关系的问题上，象似性具有强大的解释能力，能概括、说明和预测许多重要的语言现象。在语序研究问题上，作者根据距离象似性进一步衍生出"核心靠近"原则，即整个结构的"全句核心"要跟从属句的"局部核心"靠近。例如：乌云**[吞没了]** [差不多一百层高的皇家银行顶端那巨大的怪兽形的银行**徽记**]。/乌云[把差不多一百层高的皇家银行顶端那巨大的怪兽形的银行**徽记**] **[吞没了]**。在这两句中，全句的核心是动词"吞没"，但宾语的核心"徽记"越靠近时，全句就越容易理解，因此后一句要比前一句更容易理解，也是更常见的语序。

王寅（2021）探讨了顺序象似性理论对英汉两种语言语序制约作用的不同以及对翻译的影响。作者认为，汉语的语序结构直接反映了生活世界中的时序结构，前者如同对后者的临摹，这就是为何要将汉语称为"临摹式"语言，因为汉语语序好像是现实生活的反映，犹如临摹绘画一样反映了现实生活中的实际情况；而英语语序与时间顺序之间就不像汉语那样存在紧密的直接对应关系。也就是说，在英语的认知结构中，虽有时间概念，但没有时序原则，可按照语言自身的表达习惯来排列句子成分，因而英语的顺序象似性程度远远低于汉语，语序也较为灵活。顺序象似性对汉英语序作用程度的不同会对汉英翻译中的语序问题产生影响。（王寅，2021：310）

王文斌和艾瑞（2022）以汉语具有强空间性特质这一观点为视野，以认知象似性理论为基础，来深入探讨汉语语序的主导性原则是"时间顺序原则"还是"空间顺序原则"，这里的"空间顺序原则"就是上文所说的"范畴顺序原则"。作者指出，汉语民族以空间作为理解世界的基本概念，并在长期生产生活中以"礼"对事物的次序进行规约，形成了对于空间顺序的共同认知，并逐渐固化下来，具有相当强的稳定性。汉语民族的这种空间观在汉语结构中有直接、深入、多层次的体现，其中最为明显的就是空间顺序象似性原则，在汉语中具有主导性地位，其背后所蕴含的是顺应自然顺序。作者进一步探讨了空间顺序象似性是如何主导汉语语序规律的，并得出结论——空间顺序象似性是汉语"顺序象似性"的基础，具有主导作用，在语法中表现为空间顺序原则，具体表现为：汉语中两个层次、级别相同的语法单位的相对次序与其所表示的概念领域里的从大到小的顺序契合。此处的"大"和"小"并不仅仅指的是事物体积的大小，还包括了古人以"礼"为原则确定的一系列次序规则，具体为：以尊为大，先尊后卑；以老为大，先老后少；以先为大，先先后后；以主为大，先主后次；以男为大，先男后女；以大为大，先大后小；以褒为大，先褒后贬；以虚为大，先虚后实；以上为大，先上后下。作者认为，戴浩一所提出的时间顺序原则适用范围有限，而空间顺序原则作为汉语语序的主导原则在语言的各个层面都有较为充分的体现。空间顺序原则作为汉语的主导性顺序原则，反映了中华民族五千年历史中的思维沉淀和秩序观念，这也从侧面印证了语言结构与文化之间割不断的重要关联。

总之，象似性广泛存在于汉语语音、词汇、语法、篇章等各个层面，特别是在作为语言的重要形式——语序领域受到了汉英语学界认知语言学家们的深入研究，也取得了累累硕果。通过分析可以看出，象似性理论中的距离象似性和顺序象似性可以解释俄汉语中相当多的语序排列规律，这些规律既有语法平面上的，也有语义平面上的，还有语用平面上的。然而，遗憾的是，俄语界对这一理论在俄语语序中的应用以及对诸多俄语语序现象的解释关注得并不多，有待进一步开拓。

2.2　三个平面理论[①]与语序的三大基本功能

汉语研究中的"三个平面理论"的提出深受国外语言学理论，特别是符号学理论的发展的影响。20 世纪 30 年代，美国符号学家查尔斯·莫里斯创建了符号学的三分法理论，即研究符号与符号关系的语形学、研究符号与其所指关系的语义学以及研究符号与其使用者之间关系的语用学。符号学三个分支的迅速发展也受到了汉语界的广泛关注，加之当时汉语研究或只重视意义分析或只重视形式

_____

① 一般情况下，汉语中所说的"语法"具有狭义和广义之分，狭义的"语法"指的是语法形式，也就是我们通常所说的"语形"，包括"词法"和"句法"。（陆丙甫、曹德和，2005：336）从这个意义上讲，"语法"和"语义""语用"并列，同俄语中所讲的"语法""语义""语用"的界定和表述基本一致。而广义的"语法"包括语义和语用分析在内，这就是为什么我们也经常会看到"语法研究的三个平面理论"（包括句法、语义、语用）这样的表述（详见袁晖、戴耀晶的《三个平面：汉语语法研究的多维视野》。在本研究中，我们所采用的是狭义的"语法"的概念。

分析的研究方式也逐渐显现出其局限性，越来越多的学者开始从多平面来进行语言分析。在这样的背景下，三个平面理论就应运而生了。1985 年，胡裕树和范晓在《试论语法研究的三个平面》一文中正式提出了"三个平面"的理论思想，具体包括句法平面、语义平面和语用平面。其中"句法平面"是指对句子进行句法分析，研究句中词与词（即符号与符号）之间的关系；"语义平面"是指对句子进行语义分析，研究句中词语与客观事物（符号与内容）之间的关系；"语用平面"是指对句子进行语用分析，研究词语与其使用者（符号与人）之间的关系。（胡裕树、范晓，1985：7-16）三个平面理论注重三个平面间的区别与联系，拓宽了汉语研究的视野，受到了汉语界诸多语言学家们的关注。

　　语言是符号组成的系统，语言符号的特点之一是具有线性性质，语言单位是有一定顺序的。（文炼、胡附，1998：16）也就是说，语序是由语言符号组成的线性序列，也可以分别从语法、语义和语用视角进行研究。从普遍意义上来讲，语序在各语言中所发挥的作用是相似的。俄罗斯著名语言学家罗森塔尔（Д. Э. Розенталь）从三个角度——语法功能、逻辑语义功能和修辞功能对俄语语序功能进行阐述（Д. Э. Розенталь，Е. В. Джанджакова，Н. П. Кабанова，2005：296）。汉语界学者胡裕树、张斌也明确指出："语序所表达的有的属于语义，有的属于语法，有的属于语用。"（胡附、文炼，1982：161）语法功能使得语序成为句子构成的基础，同时语序也受到语义因素和语用因素的制约。同样在翻译中，语序的语法功能、语义功能和语用功能也体现在原文文本和译文文本中，受语法因素、语义因素和语用因素的制约。汉语界学者袁毓林曾指出："对句子中各种成分的排列顺序（word order），可以从不同的角度进行观察，也可以在不同的抽象层次上作出描写，最终可以在不同的理论空间中获得解释。"（袁毓林，1999：185）将语言研究划分为三个平面，这是语言研究方法上的新进展，有助于语言研究的精密化、系统化和实用化。如何在语言分析中全面地、系统地把这三个平面界限分明地区分开来，又相互兼顾地结合起来，是值得深入探索的（胡裕树、范晓，

1985：7）。但因俄汉语所属语言类型不同，语法、语义和语用因素对俄汉语序的制约大小不同，这也会对俄汉翻译产生影响。在本小节中，笔者将对俄汉语语序在翻译中的这三方面功能分别进行论述，并提出相应的翻译策略。

2.2.1 语法功能

语法对语序的制约也就是语法在语序的排列中发挥作用。俄汉语各自的语言类型决定了语法对俄汉语语序的强制力度有所不同。一般讲俄语语序是灵活的，这里的"语序"指的正是"语法语序"，但俄语的语法语序也不是绝对自由的，俄语语法也规定，在有些情况下俄语语序必须是固定的，例如：俄语中前置词必须位于名词之前；名词作定语来修饰另外一个名词时必须位于其后；形容词在修饰"что-то"等不定代词时只能置于其后；以"который"等关联词引导的定语从句必须位于所修饰名词之后；原因从句中"потому что"所在的从句只能位于主句之后，不能直接位于句首等。因此可以说，俄语语法语序的灵活性是大于其固定性的，俄语语法语序是相对自由的，而不能宽泛地一概而论说俄语语序是自由的。

苏联科学院于 1954 年出版的《俄语语法》指出：词在俄语句中的次序首先起语法作用，其次才起各种各样的修辞作用（В. В. Виноградов，1954：660）。俄语语序可以用来区分部分句子成分，尤其当俄语句中词汇的形态变化失去其句法功能时，语序就起着不可替代的标记作用，句中各成分间的语法关系主要靠词序来表达，词序的变化会引起句法关系和句义的改变。当长尾形容词在句中分别作定语和作谓语时，词序可以用来区分定语和谓语，例如 Книга интересная.（书很有趣。）/Интересная книга.（有趣的书。）；当句子是由一格形式构成的双名词句时，词序可以用来区分主语和谓语，例如 М. Горький - основоположник социалистического реализма.（马克西姆·高尔基是社会主义现实主义的奠基人。）/ Основоположник социалистического реализма - М. Горький.（社会主义现实主义的奠基人是马克西姆·高尔基。）；当句中补语和修饰补语的后置定语同属第二格时，词序可以用来区分补语和后置定语，例如 Я встретила отца друга.（我碰到了朋友的爸爸。）/Я встретила друга отца.（我碰到了爸爸的朋友。）。

再如：

[1] Знакомый больной　熟悉的病人

　　Больной знакомый　生病的熟人

[2] Русские учёные　俄罗斯学者

　　Учёные русские　有学问的俄罗斯人

[3] Ответ Румынии Болгарии　罗马尼亚给保加利亚的回复

　　Ответ Болгарии Румынии　保加利亚给罗马尼亚的回复

例[1]和例[2]中，根据俄语语法中一致定语前至于被修饰语的规则，可以判定这两组例句中位于前面的形容词是定语，位于后面的形容词是被修饰语。例[3]中，根据俄语词组语序规则，表示主体意义的名词二格应该紧跟在主导词之后，而表示客体意义的名词三格应后置于第二格。通过原文两个名词的位置可以判断其间的主客体关系，并使原文的主客体关系在译文中得以保留。

相比之下，汉语语序起着非常重要的句法作用。由于汉语的词没有严格的形态变化，汉语句中词与词之间的句法关系主要靠语序来表达，词在句中所充当的句子成分主要由它在句中的位置来决定，语序是汉语最主要的语法手段。正如赵元任先生所言："人们常说汉语语法全部是句法，汉语的句法全部是词序。"（赵元任，1979：135）

因此，在具体的翻译过程中，当俄语原文语序受语法功能的制约而排列时，需要厘清俄语句中各句子成分，汉语译文还需按汉语的语法规则进行排序，反之亦然。例如：

[4] - Но как же вы повертывали всех этих медиков! - Будто трудно повертывать таких людей! - **отвечал он.** (Н. Г. Чернышевский, Что делать?)

"但是您多会调摆那些医生！""调摆这种人有什么难的！"他答道。（龚人放主编《俄汉文学翻译词典》，第41页）

[5] Отец, ни слова не говоря, выскочил из комнаты, страшно

хлопнув при этом дверью. - Чего это он? - испуганно **спросил Петька**. Мать молча о чём-то размышляла. （ Вера Белоусова，《Второй выстрел》）

父亲一句话也没讲，从房间里跑了出去，同时恶狠狠地把门一摔。"他为啥这样？"**别季卡惊恐地问道**。母亲默默地沉思着。

例[4]原文中的"отвечал он"，谓语在前主语在后，这是俄语直接引语的表达要求，属俄语语法中的强制性要求，汉语中依然保持主语在前谓语在后，翻译时就需调整语序。这就是俄汉语法语序的差异导致翻译时的移位。例[5]同理。再如：

[6] С 2005 года в мире **наступает чрезвычайный период** падающей нефтедобычи. （《Завтра》，2003）

自 2005 年以来，世界石油开采下降的特殊**时期来临了**。

[7] С тех пор **прошло очень много лет**，но до сих пор каждый год в день учителя наши дети，сами уже дедушки и бабушки，приходят к своему бывшему классному руководителю，чтобы поделиться своими проблемами и радостями. （《Вопросы психологии》，2004）

从那时起，**许多年过去了**，但至今每年的教师节，我们的学生，如今已经是爷爷奶奶了，聚集在以前的班主任那里，一起分享自己的欢乐和忧愁。

俄语中当主语表示时间段，谓语动词表示存在、开始、进行等意义时，常序为谓语在前主语在后，汉语在此种情况下只存在主语在前谓语在后的排序。例[6]、例[7]都是因此而产生的移位。

[8] Ах，уж **оставили бы вы** меня в покое. （А. Островский）
哎，**你们让我**安静一会儿。

[9] **Пошла бы ты** к нему. （М. Горький）
你去看看他吧。

俄语中，有些带有主语的祈使句将主语置于谓语之后，译为汉语时需要移位，如例[8]、例[9]。

2.2.2 语义功能

语义因素在语言各单位排序中起决定作用也就是语序在发挥自身的语义功能。俄语中语义因素在语序中发挥作用的一个很常见的例子就是"Мать любит дочь"和"Дочь любит мать"。两句句型一样，又因为"мать"和"дочь"的第四格（在俄语中通常作直接补语）都与第一格（通常作主语）相同，所以无法通过语法上的词形变化来判定两个词所充当的句法成分，而是需要通过语义语序来判定两句的意思。前句中，"мать"是动作的主体，"дочь"是动作的客体，而后句正相反。所以，前句译为：妈妈爱女儿；后句译为：女儿爱妈妈。如果俄汉语句中的多个平等成分共同发挥同一句法功能，则更容易发现俄汉语义语序各自的特点。俄语界学者陈洁通过对比汉俄语义语序，发现汉俄两种语言共同遵循的语义语序规律是：心理重轻律、时空有序律、逻辑因果律、认知象似律、文化成因律和科学排序律。作者指出，俄语属于综合语，主谓语可以连带多种修饰成分，形成繁而不乱、偏重静态的长句子，语序相对比较灵活，并非一定遵循时空或逻辑的顺序，而是善于利用形合细密的长处，自由变换时空和因果的逻辑顺序，来凸显语义的主次轻重；而汉语属分析语，语法意义主要借助语序和词汇来表达，注重词语和句子本身意义上的相互关联和排列次序，语序的变化常常导致句法结构和语义的变化，俄汉语组词句的差异使得俄汉语常常遵循不同的语义语序规则。此外，汉语表达句内松（句内缺乏性、数、格等形态约束），句外紧（注重语句排列顺序，讲求语句组合排列时的言之有理、言之有序和顺理成章）；俄语表达句内紧（句内有性、数、格等约束），句外松（语句顺序排列相对自由），这常常导致翻译时的语序调整。（陈洁等，2018：8-15）由此也可以看出并列结构语序在汉语中受到广泛研究的原因。由于并列结构是句法上地位平等的各成分组成的结构，在自动消除了语法因素对语序的影响后，更容易窥见语义是如何制约汉语语序的。

2.2.3 语用功能

语用学所研究的对象是符号和符号使用者之间的关系。语序的语用功能即某一特定的语序在一定的上下文和语境中所产生的影响和效果。苏联著名翻译理论家巴尔胡达罗夫将词序的语用意义分为修辞意义、词的语域、词的感情色彩以及词的交际功能。（卜云燕、马亮，2016：65）

2.2.3.1 交际功能

交际功能是俄语语序非常重要的功能。说话人或写作者在构建话语时，不仅仅是对事实进行叙述，还通常带着一定的交际任务，为了实现一定的交际目的。实义切分理论的创建为依靠语序来实现句子的交际任务提供了充足的理论依据。根据实义切分理论，句子按交际任务可以分成主题和述题两部分，前者是说话的出发点，即已知，后者是所叙述的对象，即新知，新知是句子的交际中心和信息重点。通常的排列是已知/主位在前，新知/述位在后，说话人可以通过调整语序来强调新知，表明自己的说话意图。因此，在俄语中，语序是表达句子实义切分的重要手段。例如：

[10] На берегу реки туристы//остановились.

[11] Туристы остановились//на берегу реки.

[12] На берегу реки остановились//туристы.

第一句回答的是：Что сделали туристы на берегу реки?

第二句回答的是：Где остановились туристы?

第三句回答的是：Кто остановился на берегу реки?

实义切分理论认为，句子的语序可以变异，但它不是自由的：在不同的语序下，句子的意思和交际任务是不同的。在一定的语境和上下文中，俄语语序通常只能有一种排列顺序。不同的语序具有不同的交际功能，服务于不同的交际目的。（钱洪良，1991：37）请看下例：

[13] В этой семье отца любит //сын, **а мать любит// дочь**.

在这个家里，儿子爱父亲，**女儿爱母亲**。（梁达，1957：53）

若在"мать любит дочь"这一孤立句中，译者很自然地会将其译为"母亲爱女儿"。但受上文"отца любит сын"的制约，补语在前，主语在后，同一并列结构中，后半句也应是补语在前，主语在后，原文中作者为了表达"女儿爱母亲"之意，只能有一种语序：мать любит дочь。

与俄语相比，汉语中表达实义切分的主要手段是逻辑重音和语调，其次才是语序。例如：

[14]你要做什么？　　　　我要去莫斯科。

你要去哪儿？　　　　我要去**莫斯科**。

谁要去莫斯科？　　　　**我**要去莫斯科。

你要不要去莫斯科？　我**要去**莫斯科。

在上述例子中，黑体字表示的是句子的逻辑重音。四个答句语序相同，但表达的是不同的交际目的。俄汉语序在实义切分中的不同作用给翻译造成了困难。翻译时，应当尽量保留原文作者的交际意图，将原文的主位译为主位，将原文的述位译为述位。因此，上述例[10]、例[11]、例[12]应分别译为：*游客在河岸边停了下来；游客停在了河边；河边停的是游客*。

2.2.3.2　修辞意义

修辞是发话者为了追求理想的表达效果，在特定的语境中对语言手段进行选择、加工和调整的话语交际行为（邵敬敏主编，2012：369）。为了达到特定的修辞效果，我们常常会有意识地对语言规则或语用规则进行有效偏离，运用特殊的表达手段，语序就是其中之一。俄汉语序都具有修辞功能，这种功能尤其体现在文艺作品和口语体中。通常在这种情况下，语序几乎不受实义切分的约束，语序的调整会产生不同的修辞效果。在俄汉语中，都存在将所要强调的成分前移或后置的情况。例如：

[15] Я пальто сняла. **Жарко** потому что очень было.（强调前移成分）

[16] Оставьте меня: **устал** я.（强调前移成分）

[17] **Чудеса** делает вода в пустыне.（强调前移成分）

[18]**干嘛呀，这是？**（强调前移成分）

[19]**为你，千千万万遍！**《追风筝的人》）（强调后移成分）

[20] В сердцах **простых** чувство красоты величия природы сильнее чем в нас, восторженных рассказчиках на словах и бумаге. （Лермонтов）（强调后移成分，用以突出人物的特征）

[21] 我们看见了一轮西部的太阳，**用黄土捏就的，用血汗揉就的，用黄河水塑就的……**（章德益 《西部太阳》）（强调后移成分）

在具体翻译中，译文语序应尽量保留原文的修辞色彩和语用效果，将强调的成分后置或前置。请看下面译例：

[22] Летом в холодные дни и зимой в оттепель струился с его склонов вниз этот несильный запах, **приятный и освежающий**, будоража колхозных жеребцов. （А. Иван. Вражда）

每逢夏天凉爽的日子，或是冬天化雪的天气，便从坡地上飘来这淡淡的蒿草气味，**微香而清淡**，撩得农庄的种马心神不宁。（龚人放主编《俄汉文学翻译词典》，第 40 页）

2.2.3.3 感情色彩

语序所表现的感情色彩是指语序所附加的鲜明性和形象性以及所表示的说话人对事物、现象的爱憎、褒贬态度等（王德孝等编，1989：386）。俄汉语不同语序可以表达不同程度和不同态度的感情色彩。在文艺作品中，作者往往通过调整语序来塑造人物形象，传达喜怒哀乐。翻译时，由于俄汉语言体系的差异，通过语序来再现这种感情色彩对译者是极大的挑战。译者常常需要通过语序之外的其他手段来弥补这种差异，使原文语序所传达的表现力和感染力得以最大限度地保留。例如：

[23] А Варьке **хочется спать**.

А спать хочется по-прежнему, ужасно хочется! （А. П. Чехов 《Спать хочется》）

可瓦尔卡想睡。

她还是**渴睡，渴睡死了！**

通过对比原文和译文可以发现，原文后句中将前句"хочется

спать"的正常语序调整为"спать хочется",感情色彩大大加强,强烈地表达了小主人公迫切渴望睡觉的心理状态及作者对主人公的同情。但汉语译文中,通过调整语序并不能达到同等的效果,因此只能通过词汇手段"还是渴睡"来增强表现力。

2.3 语音与语序

语音是语言的物质外壳,是语义表达的重要形式,具有区分意义的作用。同样的文字,语音的变化会导致语义的变化,进而对俄汉翻译产生影响。从语音角度考察语言,有助于揭示语义、语用等领域无法诠释的一些语言现象,也是进行正确翻译的条件之一。(陈洁,2011:31)汉语中的轻声、停顿、重音都会对俄汉翻译产生影响。轻声具有区分意义和词性的作用,"大意"读轻声时为形容词,意思为"马虎",译为俄语是"небрежно";读去声的时候为名词,意思为"主要意思",译成俄语就是"главный смысл"。"停顿"是指说话或朗读时,段落之间,语句中间、后头出现的声音间歇(黄伯荣、廖序东主编,2017:104)。停顿的地方不同,意思也不同。"我看见他笑了"这句话可有两种停顿:我看见 / 他笑了;我看见他 / 笑了。前句的"笑了"是"他"发出的,后句是"我"发出的。译为俄语分别是:**Я увидела, что он засмеялся; Увидев его, я засмеялась。**同样一句话,重音不同,所突出强调的重点也不同。"**我知道你会唱歌**""**我知道你会唱歌**"这两句所强调的信息重点不同,译为俄语分别是:**Ты умеешь петь - это знаю я; Я знаю, что ты умеешь петь。**以上译例都很难从语言的其他平面获得解释,译文差异的根源在于同一语言单位语音因素的差异导致意思出现分歧。因此,语音因素对语言及翻译的制约不容忽视。

同样,语音也会对语序产生影响,进而影响翻译中的语序处理。语音对语序,特别是韵律对语序的制约也受到了汉语界以冯胜利为代表的诸多学者的关注和深入研究,也逐渐形成了韵律语法学,这里的韵律主要指自然语言中的超音段现象，具体指依附在元音和辅音之上的高低（pitch）、长短（length）、轻重（weight）、语调（intonation）以及由音段组成的节奏（rhythm）等变化（冯胜利、王丽娟，2018：34）。冯胜利和王丽娟指出，必须把韵律作为一个独立的语言平面，才能看出它与其他平面之间的互动关系。（冯胜利、王丽娟，2018：5）汉语界学者沈家煊也指出，汉语节奏的伸缩性就是音节组合的松紧度变化，节律的松紧虚实以扭曲对应的方式同时反映语法、语义、语用上的松紧虚实，韵律本身就是汉语的一种重要的语法形态手段。（沈家煊 2017：3）。关于韵律对语言的制约并没有受到俄罗斯学者的关注，因为属于印欧语系的俄语并不像汉语那样直接受到韵律的制约。但鉴于翻译属于两种语言之间的互动和转换活动，哪怕属于一种语言的特质也会影响最终的转换结果，因此，研究俄汉翻译中的语序问题时，笔者也将汉语中的韵律因素对语序的制约纳入考察范围。

2.4　本章小结

本章主要梳理了现有语序常见理论——实义切分理论和认知象似性理论对俄汉语序差异及共性的影响，具体分析了实义切分理论的来源、发展以及该理论在解决俄语语序问题方面的价值，梳理了实义切分理论在俄语语言学界及俄汉翻译领域的研究现状，同时还介绍了认知象似性理论及其在解决语序问题方面的价值。此外，本章还基于三个平面理论及汉语的韵律语法，提出了本研究中所依据的语法、语义、语用、语音等理论对语序的制约。总而言之，语序在翻译中所发挥的语法功能和语义功能是前提和基础。语法功能帮助分析原文的句子成分，构建译文；语义功能有助于严谨使用符合译语规范的语序，准确传达原文的内容。语序语用功能的使用对译者而言是更高层次的要求，因为这直接关切到读者的精神领悟和审美体验。翻译时，不仅要准确传达原文的基本内容，更要传达原文语序背后所蕴含的作者所要传达的交际意图、感情色彩和修辞意义，并由此决定是选用与原文一致的语序还是选择译语中表达同样功能的语序。而语音理论有助于在研究俄汉翻译的语序问题过程中找到新的切入点。准确掌握语序在翻译中的语法、语义和语用方面的功能，以及语音对语序的影响，可以最大限度地再现原文。

3. 俄汉并列结构成分语序对比与翻译研究

　　翻译是将一种语言的言语产物在保持内容层面（意义）不变的前提下转换为另一种语言的言语产物的过程（Л. С. Бархударов，1975：10），也就是说，翻译是"等值信息的转换和处理过程"（盛义朝，2013：42）。由于原语和译语常常在表达层面和内容层面存在差异，为了最大限度地传达原文文本中所蕴含的信息，译者在翻译过程中需要在对比原语和译语异同的基础上适当进行语际转换（межъязыковое преобразование/переводческая трансформация）。巴尔胡达罗夫在其专著《语言与翻译》中，将翻译转换技巧归为四类：移位法、替换法、增补法、删减法。其中，"移位法即在译文文本中变动原语语言成分位置的翻译技巧"（Л. С. Бархударов，1975：189）。作者指出，较之原文，在译文中可能需要变动位置的语言单位通常是词、词组、复合句的分句及篇章中的完整句子。

　　移位法究其实质是翻译时对译文语序的一种处理方法，与其对应的是顺序法。移位法和顺序法都建立在对原文和译文宏观语序和微观语序对比的基础之上。俄汉语语言本质差别很大。俄语是一种综合性的、曲折语的和聚合型的语言，语法关系严密，重"形合"，俄语绝大多数词类都富有形态变化，词与词的关系主要依靠形态变化而不是语序来体现。因此，俄语语法语序相对灵活。较之，汉语是一种分析性的、孤立语的和流散性的语言，重"意合"，语序和虚词是表达汉语语法意义的主要手段。潘文国指出，"汉语是语义型语言，是世界上逻辑性最强的语言。逻辑犹如一根线，将一个个语音语义团块按次序串联起来"（潘文国，1997a：259）。因此，在组词构句上，汉语更讲求时序上的先后律、空间上的大小律、心理上的重轻律、事理上的因果律等自然逻辑顺序，更讲求"言之有序，言之有理，顺理成章"（陈洁、高少萍，2009：81）。俄汉语在语言体系及组词构句方面的本质差异使得语序成为俄汉互译中应当特别关注的问题。

关于俄汉（英）翻译中的语序问题，俄语界学者（廖红英，2016；卜云燕、马亮，2016；陈洁，1990；王福祥，1981、1984；Сиротинина，2003；Ковтунова，2002；Крылова，Хавронина，1986；Черняховская，1976、1972；Бархударов，1975 等）多以实义切分理论为基础，从语用视角进行研究，并取得了丰硕的研究成果。根据实义切分理论，语序是传达语句信息重点、交际意图，保持话语连贯的重要手段。翻译时，译者需在译文中将原文通过语序所传达的语用意义表达出来。但实义切分理论并非完美无缺，对于像语音、语法、语义等因素制约的静态中的俄汉多项定语、多项状语等翻译中的语序问题，实义切分理论并不能提供充足的理据和有力的解释。

汉语中的"并列短语"又称"联合短语"，是由语法地位平等的两个或几个部分组成，各部分间存在并列、递进、选择等关系（黄伯荣、廖序东主编，2002：63）。俄语中并不存在"并列短语"一说，但俄语中的并列联系（сочинительная связь）和汉语基本等同，是指句子成分或复合句分句间存在的一种平等的、互不依附的句法联系（Д. Э. Розенталь，М. А.Теленкова，1985：296）。因本书的研究不仅限于短语层面，为研究之便，笔者将本书所涉及的俄汉相关结构统称为"并列结构"。俄汉并列成分在语法上是相互独立、互不依附的关系。尤其对于语法语序灵活度很高的俄语而言，并列结构是俄语语法语序灵活度的最高体现。因此，关于俄语并列结构成分的语序问题往往被忽略，相关方面研究比较薄弱。国内学者王福祥（1984、1981）以实义切分理论为基础对俄语并列复句分句及超句统一体句序进行过研究；俄罗斯学者西加尔（К. Я. Сигал）（2010、2008、2005、2004）从认知和文本视角探讨俄语并列结构线性排序的规约性原则。相关领域，汉语界的研究要相对成熟。汉语界学者徐昌火和邵蒙蒙（2015）、王晓娜（2009）、潘文国（2004）、廖秋忠（1992）、周荐（1986）、蒋文钦和陈爱文（1982）等分别从语音、语义、语用视角对汉语并列结构语序做过全面、深入的探讨。

关于俄汉并列结构成分语序对比与翻译研究，国内翻译学界已有所建树。英语界吴阳（2003）从语音、时序性、正反性、同类性及显著性等语义、语用和思维方式等视角对英汉并列结构的语序共性和个性进行了分析，指出在翻译中应遵循目的语的语言习惯，对原有语序做出必要调整；刘宓庆（2006）在《新编汉英对比与翻译》一书中专辟一章，对汉英语序特征对比与语际转换进行了详细论述，从汉语语序的时序律、汉英语序的范围律、汉英语序的主客律、汉英语序的因果律等角度对汉英并列结构成分语序进行了对比，提出在汉英转换时语序的问题上应坚持"灵活对应，合理调整"的原则；王琳琳和蒋平（2013）从可及性、显著性、象似性、乐观原则、自我中心原则、礼貌原则等语义与认知视角对英汉并列结构成分语序的制约结果异同及所采取的相应翻译策略进行了探讨，并着重研究了各制约因素的综合作用。俄语界闫德胜（1991）最早以翔实的语料，从表达习惯、客观规律、固定格式、语法、修辞和逻辑等视角考察了科技语体中俄汉并列结构成分语序的差异及翻译时语序的调换技巧。陈洁和高少萍（2009）从俄汉宏观语序差异出发，以汉语语序原则为基础，从语义、语音、结构、语用等层面综合对比考察了汉俄语序的异同及制约翻译中语序的转换规律。前人的研究为本研究提供了借鉴，但其缺憾之处在于不够完善和深入，或是单以实例论证，或是只涉猎需要调换语序之处，或是只侧重静态研究。笔者撰写此书，希望能够在前人的基础上取长补短，对俄汉并列结构成分语序的共性及个性做一全面对比，将静态研究与动态研究相结合，同时挖掘俄汉并列结构成分语序差异的深层原因及对翻译的指导作用。

俄汉并列结构各项排序受语义、语音、语用等平面因素综合作用的影响，但具体受到的制约因素有同有异，这在一定程度上影响了译者对翻译策略的选用，下文将做逐一分析。

3.1 语义因素与翻译研究

本研究中的"语义语序"是指受一定社会群体文化、思维、心理、认知等因素制约的各语言单位之间的先后排序,具有静态性、规约性和可复现性。本节中主要从心理上的重轻原则、时序上的先后原则、范围上的大小原则、事理上的因果原则、时空原则、自我中心原则和文化规约性原则来探讨受语义因素制约的俄汉并列结构语序及翻译时的移位依据。

3.1.1 心理上的重轻原则

心理上的重轻原则即按心理上或情感上由重及轻的次序安排并列结构各项成分。受中国封建社会等级制度、伦理观念及儒家文化的影响,"君君臣臣、父父子子"这一严格的等级观念确定了人的尊卑地位(张国宪,1992:28),具体体现为君尊民卑、男尊女卑、长尊幼卑等。中国社会历经数千年所积淀的特有文化和哲学范式成为语言发展不可逾越的制约力量。廖秋忠将重轻律细分为以下几个标准:①地位的高低;②主要的相对于次要的;③基础/参照点相对于派生物或依靠/被参照点;④价值或评价的高低;⑤数量的多少(廖秋忠,1992:162)。心理重轻律要求我们通常把那些地位较高的、主要的、基础或参照点、价值或评价高的、数量多的指称对象置于地位低的、次要的、派生或被参照点、价值或评价低的、数量少的指称对象之前。

心理重轻律尤其突出地见诸语法地位平等的汉语联合式双音节合成词语素排序(转自陈洁、高少萍,2009:65),其中大部分词已经固化,语序完全不可逆。例如:君臣、官兵、师徒、夫妻、公婆[①]、

[①] 但汉语中的"姑嫜"是个例外。"姑嫜"表示婆婆和公公,违背了男尊女卑观念。我们可以从母系社会女尊男卑的价值观念中寻找答案。母系社会解体后,反映这一价值观念的语言文字形式并没有随之消失,它们作为包含若干文化密码的语言化石保留了下来。

儿女、奴婢、优劣、大小、多少等。短语层面有：

[1] 驻榕部队有三个抗洪救灾的指挥中心，他们根据**省、市领导和有关部门**对灾情的通报，以最快的速度，最佳的方案，调兵遣将把人员调集在最危险、最需要的位置，保证福州的安全。（《中国青年报》，1992 年 7 月 20 日）

例[1]汉语并列结构中，省领导、市领导和有关部门按政治地位和职位等级由高到低排列。俄语并列结构的语义排序也受到心理重轻律的制约，而且制约效果与汉语一致。例如：

[2] И когда всё было продано：**личные сувениры августейших особ，ценности покойной жены，кое-что из носильного платья，**- он вспомнил изящный грешок Саши Грацианского.（Леон.ф. Русский лес）

例[2]中，俄语并列结构的语序按事物在主人公心中的重要程度排列——个人信仰、亡妻的珠宝、衣装什物等。

由于心理重轻律对俄汉并列结构成分语序的制约效果一致，在其他条件相同的情况下，翻译时只需按顺序法处理译文语序即可。请看以下译例：

[3] Его **богатство，знатный род** и **связи давали** ему большой вес в губерниях，где находилось его имение.（А. С. Пушкин，Дубровский）

他的**财富、显赫的门第**和**人际关系**使他在其田庄坐落的几个省内具有举足轻重的地位。（龚人放主编《俄汉文学翻译词典》，第 57 页）

例[3]中原文和译文并列结构成分语序都按人物的财富、出身、人脉等重要程度由高到低排列。

但俄汉并列结构语序同时受心理重轻律的制约是一种理想状态。在实际操作中，当俄汉语序受不同因素制约而产生不同的制约效果时，翻译时需要移位。例如：

[4] Для того，чтобы охарактеризовать состояние **торгово-экономического** сотрудничества России и Китая，следует

rassмотреть основные направления взаимодействия данных стран в экономической сфере. (Екатерина Фролова, «Современное состояние российско-китайских экономических отношений»)

要描述中俄**经贸**合作的现状，得先研究两国在经济领域合作的主要方向。

例[4]中汉语译文合成词语素语序受心理重轻律制约，按先经济后贸易的顺序排列，而俄语并列结构成分语序受形态上的制约要强于语义上的制约，遵循结构上由简至繁、音节长的词后置的原则，翻译时需采用移位法。类似的例子还有很多，例如：**Торгово-промышленная** палата Российской Федерации 俄罗斯联邦**工商**会；**Товаро-пассажирский** пароход **客货**船等。

[5]**Телевидение и радио** сильны своим воздействием на многомиллионную аудиторию. (闫德胜，1992：27)

广播电视的强大之处在于它们能够影响千百万听众和观众。

例[5]俄语原文和汉语译文并列结构成分语序相反，原文语序遵循的是"重要性原则"，电视比广播重要，因为电视在人们的日常生活中使用更广泛，影响更大。而汉语译文遵循"时序上的先后律"，广播先于电视产生。Российская **телерадио**компания 也应当译为：俄罗斯**广播电视**公司。

[6] Молодые специалисты - золотой фонд лесного хозяйства. В области подготовки кадров особого внимания требуют два самых слабых звена. Одно из них - **начальная и средняя школа**, где уровень знаний выпускников пока неуклонно снижается. (В. Г. Санаев, Лесное хозяйство)

年轻专家是林业所需的黄金储备人才。在人才培养方面，需要特别关注的有两个薄弱环节。其中一个便是**中小学**。目前在中小学，毕业生的知识水平直线下降。

[7] Только одна успешно реализованная реформа привела к тому, что в Русляндии как грибы стали появляться **малые, средние и крупные предприятия**. (А. Тарасов, Миллионер)

唯一顺利执行的改革使得在鲁斯良吉亚，**大、中、小企业**如雨后春笋般涌现。

例[6]和例[7]中俄语原文语序遵循由低级到高级、由小到大的发展过程和认知顺序，其本质为时间顺序原则。但汉语译文语序遵循重要性和显著性原则，按由大到小排列，语序与原文相反。汉语中"由大到小"的排列顺序与深受汉民族长期形成的"君君臣臣、父父子子"等一套严格的尊卑礼仪和思维方式相关。例[6]和例[7]中俄语原文和汉语译文并列结构成分语序所遵循原则的差异也是俄汉民族间思维方式的差异所致。

此外，心理重轻律的一个很重要的体现就是积极态度原则。积极态度原则是指人们的心理特征要求在交际过程中减少和排除不愉快的话题或报道，摒弃坏的事物，偏爱好的事理（陈洁、钟晓迪，2013：77）。这反映在语序中就是：表示积极的、肯定态度的正面词的使用频率远远高于表示消极的、否定态度的负面词；同时拥有褒贬意义的词，其词义偏移也大多是偏向积极的、肯定的意义；同时由肯定意义和否定意义的词素/词/句子构成的词/并列结构/句子，其语序也是表正面意义的词素/词/句子在前，表示负面意义的词素/词/句子在后。例如：

[8] Смех и слёзы 欢笑与泪水；Плюсы и минусы 优缺点；Удачи и неудачи 成功与失败；Взлёты и падения 浮沉/兴衰；Любовь и ненависть 爱恨；Жизнь и смерть 生死；Хорошо или плохо 好坏；Да или нет? 是不是？

[9] В **добрый час** молвить, в **худой** - помолчать.（Астафьев, Царь рыба）.

逢**吉**开口，逢**凶**不语。

[10] **Добрая слава** лежит, а **худая** бежит.（俄罗斯谚语）

好事不出门，**坏事**传千里。

[11] - Какая разница, **женатый** или **неженатый**? - Возразила Катерина.（Черных, Москва слезам не верит）

"**结没结过婚**有什么区别？"卡捷琳娜不以为然。

受人类普遍心理特征的影响，俄汉并列语序都受积极态度原则的制约。但在一些情况下，翻译中还是需要采用移位法。例如：

[12] Не впадайте в подобную крайность, вспомните, что она живая, и, как нам, ей может быть хорошо или плохо, **тепло или холодно.** (Галина Синофеева, Тропический рай на фоне метели)

不要陷入这样的极端，你要想，她还活着，还可以像我们一样*感知好坏和冷暖*。

在该例中，原文语序既遵循积极态度原则，又遵循"长音节后置"的原则，而汉语译文遵循译语表达规范，按"冷暖"排序。

3.1.2 时序上的先后原则

时序上的先后律对汉语并列结构成分语序的制约表现为：现实世界中事物产生的先后、事件或动作发生的先后投射到并列结构中就是先产生的事物、先发生的事件或动作排列在前，后产生的事物、后发生的事件或动作排列在后。时间顺序原则在俄汉动动并列结构成分的排序上体现得最为明显。时间顺序原则映射到动动并列结构成分语序上就是动作发生的先后顺序。时间顺序原则在动动并列结构中具有普遍性（储泽祥，2002：96），因为"两个句法单位的相对次序决定于它们所表示的概念领域里的状态的时间顺序"（戴浩一，1988）。以下例句体现了汉语并列结构成分语序受时间先后原则的制约：始终、早晚（而"迟早"遵循语音上的"四声非降"原则）、收发、裁缝、生老病死、春夏秋冬、一朝一夕等。俄语并列结构成分语序也存在时序上的先后律，但基本都要用连接词连接，例如：Рано или поздно（迟早/早晚）；жизнь и смерть（生死）；вчера, сегодня и завтра（昨天，今天和明天）；вопрос и ответа（问答）；слово и дело（言行）；появление и развитие（产生与发展）等。

在其他条件相同的情况下，时序上的先后律对俄汉并列结构的制约效果是一致的。但在一些情况下，翻译时仍需移位，例如：

[13] Кроме естественных сезонных колебаний «**зима-весна-лето-осень**» он обнаружил регулярные месячные колебания

температуры，правда，совсем крошечные - на две десятых градуса. («Знание - сила», 1997）

除去"**春夏秋冬**"季节的自然更替之外，他还发现，每月气温的定期浮动实际上是微乎其微的——只有 0.2 摄氏度。

众所周知，俄罗斯人对冬天有着特殊而深厚的感情。因此在俄语关于四季轮回的表述中，我们既会碰到"весна, лето, осень, зима"的自然排序，但也更多地会碰到"зима, весна, лето, осень"这种将"зима"置于最前的排序，而汉语中基本只存在"春夏秋冬"的排序。在该例中，原文语序遵循的是语义心理重轻律原则，而译文应符合汉语四季变换的表达习惯，译为"春夏秋冬"。

再来看另一译例：

[14] -Снег, -сказала удивленная Катерина Блин Четверяго. -**Зима，весна，лето，осень** и дождь. А теперь еще и снег.（Юрий Буйда. Город палачей // «Знамя», 2003）

"下雪了！"卡捷琳娜·布林·切特维利亚可惊叹道，"**冬天，春天，夏天，秋天，下雨天**。现在又开始下雪了。"

这一译例采用的是顺序法。通过比较该例与上例可以发现，此处对语序起决定作用的是上下文。在具体的上下文中，"冬—春—夏—秋—秋雨—冬"的逻辑主线就决定了译文语序也要遵守这一"冬去冬又来"的强制性顺序。

3.1.3　范围上的大小原则

中西方所崇尚的"第一哲学"是导致中西方"综合性"和"分析性"思维方式差异的深层根源（张思洁、张柏然，1996：8）。中国"第一哲学"的核心是"一元论"哲学，"汉语民族擅长归零为整，运用系统的、整体的观念对待事物"（张思洁，1998：54）。中华民族在哲学上的"整体观"体现在语言中就是：在对实物的命名方面，注重统一，先给出"种"概念的统一标准，在此基础上形成"属"概念。例如：瓜类中的冬瓜、西瓜、南瓜、黄瓜、甜瓜、苦瓜、哈密瓜等，车类中的汽车、卡车、火车、货车、自行车、吉普车等。

同义词和同源词在音义上都有很强的联系。在组句方面表现多为主题句，"在同一主题下诸多小句按自然逻辑事理加以铺排，似离非离、形散而又神合，读之浑然一体"（张思洁，1998：54）。而西方"第一哲学"的核心是"二元论"哲学，更加注重个体思维，强调分析性思维方式，讲究"物我两分"。这体现在语言中就是：不求语言在整体框架上的完整，而更追求语言在结构上的严谨。

中西方思维模式的根本差异体现在语序中就是范围上的大小律对俄汉并列结构成分语序的制约效果不同。受范围上大小律的制约，汉语并列结构各项更倾向于按由整体到部分、由大到小、由远及近的次序排列（刘宓庆，2006：294），例如：国家、乡村、分寸、篇章、章节等。这类复合词各构成语素都严格按由大到小的语义原则排序，而且大部分情况下，这些复合词在俄语中对应的都是单个的词。受语序范围大小律制约的俄语并列结构成分语序往往与汉语相反。翻译时需要采用移位法。例如：

[15] Коэффициент оборачиваемости оборотных средств Коб---это число оборотов, которые совершают средства в определённый период времени（**месяц, квартал, год**）.（闫德胜，1991：76）

流动资金的周转系数 K 指资金在一定时期内（**年、季、月**）的周转次数。

在上述例子中，俄语的时间表达与汉语相反，俄语一般按由小到大（时、天、月、季、年）的顺序排列，译文逆序而行，按由大到小（年、季、月、天、时）的顺序排列。此外，汉俄人名、地址的书写顺序也体现了两个民族整体性思维和分析性思维的差异。

3.1.4 事理上的因果原则

事理上的因果律是指事物发展先因后果（先条件/假设后结果）的自然顺序，实质上是对时间上的先后律的一种映射和印证。在正常语序下，事理上的因果律在汉语组词构句顺序中体现明显。例如成语层面有积劳成疾、玩物丧志、恼羞成怒等。汉语先因后果的逻辑思维顺序扩展到复句层面（原因复句、时间复句、条件复句、让步复句、转折复句等）同样成立。例如：既然答应了，就应该做到；如果明天不下雨，我们就去郊游；归巢的鸟儿，尽管是倦了，还驮着斜阳回去。较之，俄语语序受事理上的因果律影响并不那么明显。上述四字格并列结构译为俄语分别为 **заболеть от переутомления**、**стать рабом страстей своих увлечений**、**стать гневным от обиды**。可见，与固化的先因后果的汉语四字格相比，俄语中相关表达常常先果后因，与汉语语序相反。在俄语复句中也是如此，更注重由表因果的关联词在句法上的连接，句法和形式上对语序的制约是强制性的，而事理上的因果律对语序的规约并不明显。俄译汉时，译者需要调整甚至打散语序。

3.1.5　时空原则

汉民族更重视时间胜过空间，在关于时空的并列表述中，总是习惯将时间置于前、将空间置于后，例如：时间和地点，时空，何时何地，随时随地，时时处处。但"宇宙"例外，因为"宇宙"（"宇"表示空间，"宙"表示时间）作为联合式双音节词遵循的是"四声非降"原则。但在俄语中，关于时空的并列结构中，并不总是遵循先时后空的原则。例如：**Везде и всегда** 或 **всегда и везде**（时时处处；随时随地）；**Время и пространство**（时空／时间和空间）的顺序通常是固定的，也遵循音节由简至繁的原则；**Где и когда** 语序遵循音节由简至繁的原则，正好与汉语相反，翻译时就需要移位。例如：

[16] Я его раньше где-то видел, **а где и когда**, припомнить не могу.

我之前在哪见过他，但**何时何地**，实在想不起来。

3.1.6　自我中心原则

早在 1725 年，意大利哲学家维柯（G. B. Vico）就观察到，由于人心的不明确性，每逢它落到无知里，人就把他自己变成衡量万物的尺度。之后，库伯（W. E. Cooper）、罗斯（J. R. Ross）、莱昂（G. Lyons）等学者将这一人类观察世界的普遍视角称为"我第一"原则或"自我中心"原则，即人自认为是万物的尺度、宇宙的中心，人总是以自身的标准来审视世界。（文旭，2001：92）一般认为，"我"的活动坐标为：我-此时-在此地/Я-СЕЙЧАС-ЗДЕСЬ。当"我"作为说话人时，"我"总是会以自己为立足点，最先提及与自己在时空上、情感上接近的事物。由于"我"的语义成分为"'成年'＋'人'＋'男性'"，自我中心原则体现在语义上就是：以"成年+男性+人+此时+此地"为中心。反映在并列结构成分语序上就是：年长的＞年幼的；男性＞女性；人＞动物＞植物；此时＞彼时；此地＞外地（符号"＞"表示语序上的优先）。例如：

[17] Свой и чужой 自己的和别人的；близкие и друзья 亲戚朋友；Человек и природа 人与自然；Отцы и дети 父与子；Муж и жена 丈夫和妻子；Сын и дочь 儿子和女儿；Жена и дети 妻子和儿女；Мужчины и женщины 男女；Сегодня и завтра 今天和明天；Животный и растение 动植物；Красавица и чудовище 美女与野兽；Старик и море 老人与海；Внутри страны и вне неё 国内外

[18] Я возгорелся желанием скорее повидаться с **братьями и сёстрами**… （Астафьев, Царь-рыба）

我心急火燎地想尽快地跟**弟弟妹妹**见一面。（龚人放主编《俄汉文学翻译词典》，第 79 页）

[19] Конечно, он хотел вознаградить за годы труда прежде всего себя; однако рад был и за **жену с дочерью**. （Бун., Господин из Сан-Франциско）

当然，他首先想慰劳自己多年辛苦，但也为**妻子和女儿**高兴。（同上，第 81 页）

[20] Нет, не в обиде они на **дочерей** и **зятьев**, а вот сын не вышел.（Айтм., Прощай, Гульсары!）

是的，老人对**女儿和女婿**毫无怨言，就是儿子不怎么争气。（同上，第 106 页）

值得注意的是，译例[20]中原文和译文中都是"女儿和女婿"，出现女居男前的情况，这是因为并称外戚时，尊卑观念又让位于亲疏观念（周荐，1986：90）。

此外，利益立足点不同会导致在一些政治文本中俄汉并列结构的语序完全相反。政治文本通常利益立足点鲜明，其根本目的在于对内增强本国人民的认同感，对外维护本国的根本利益。两国签订的同一双边条约，内容一样，但双方各自语言表述的语序却不一样，原因就在于两国的立足点不同，都将自身利益放在首要位置。例如：Российско-китайский договор о добрососедстве, дружбе и сотрудничестве（《中俄睦邻友好合作条约》）；Российско-китайские отношения（中俄关系）；中俄曾联合举行的"中俄'海上联合-2017'军演"也被俄罗斯媒体报道为 Российско-китайские военно-морские учения «Морское взаимодействие - 2017»等。翻译这类文件时，常常需要采用移位法。

再来看一例：

[21] В 2017 г. будет отмечаться 20-летний юбилей со дня основания **Китайско-Российского Комитета дружбы, мира и развития** и 60-летний юбилей со дня основания **Общество Российско-Китайской Дружбы**, нынешний год также является заключительным этапом **Годов обменов между Китайскими и российскими СМИ**. (Посол КНР в РФ Ли Хуэй, «Китайско-российские отношения проявили чувство ответственности в качестве великих дервав»)

2017 年是**中俄友好、和平与发展委员会**成立 20 周年和**俄中友好协会**成立 60 周年，同时也是"**中俄媒体交流年**"的收官之年。

上述例子选自中国驻俄罗斯前大使李辉在接受以"中俄关系展现大国担当"为主题的中俄媒体联合采访时的片段。在这一例子中总共出现了三个并列结构，而这三个并列结构都与中俄关系有关。根据自我中心原则，上述关于两国关系的民间组织机构或交流活动的并列结构的语序及翻译与组织机构或活动的归属国及发生地以及发言人的身份有关。"Китайско-Российский Комитет дружбы, мира и развития"是指于 1997 年在中俄两国官方的倡议下成立的民间友好组织，这一组织在俄罗斯也存在，被称为"Российско-Китайский Комитета дружбы, мира и развития"，这一机构是中俄两国共同成立的机构；"Общество Российско -Китайской Дружбы"指的是于1957年在俄罗斯成立的俄中友好协会，这一团体是确确实实属于俄罗斯的民间机构，中国也存在类似团体，正式名称为"中国俄罗斯友好协会"，成立于1949年，这两个机构是中俄两国各自在本国成立的机构；"Годы обменов между Китайскими и российскими СМИ"指的是中俄媒体交流年，是在中俄元首共同倡议下启动的中俄双方在媒体交流领域共同举办的一系列活动。因此，在对外发言中，属于中俄两国的民间机构就称为"中俄"，不属于中国的民间机构就是"俄中"，翻译时，无须调整语序。

3.1.7 文化规约性原则

文化规约性是指文化的规范性特征，即一个文化系统对其文化分子的思想、行为，甚至语言、情感等做出应当或不应当、善或恶的规定和制约（殷海光，2002：59）。文化间规范性特征的差别乃文化间最核心的差别。汉俄并列结构会受文化规约性原则的制约呈现完全相反的语序面貌。例如：

[22] Они принадлежат друг другу как **правая и левая рука**.（В. В. Бибихин. После перерыва，1994）

他们就像**左右手**一样密不可分。

在上述译例中，俄语原文中并列结构右在前左在后，而汉语译文并列结构成分语序正相反，左在前右在后，这与俄汉民族左右尊卑的文化心理及生活习俗息息相关。受基督教"右肩站着天使，左肩站着恶魔"教义的影响，俄罗斯民族形成了"尚右忌左"的传统观念和文化心理，而且这种习俗对语言有深刻的影响，在俄语谚语、成语、体态语中，"правый"常表示"吉利"等积极评价意义，而"левый"常表示"凶兆"等消极评价意义。例如：Правое ухо горит - хвалят，левое - напраслину（右耳发烫——受人夸奖，左耳发烫——遭人诽谤）；Правая ладонь чешется - получать деньги，левая -

отдавать.（右手痒——要来钱，左手痒——要掏钱）；Правая бровь свербит - хвалит，левая - бранят.（右眉痒——有人夸，左眉痒——有人骂）；Правая рука（得力的助手）；Встать с левой ноги（心情不好，情绪不佳）等。通过以上分析，我们便不难理解为何在俄语中习惯"右居左前"了。

较之，汉民族文化中既存在"尊右卑左"，又存在"尊左卑右"的观念。汉民族祖先以朴素的认识论为基础，认识到右手比左手更有力、更灵活，形成了在权势体系中"尚右忌左"的观念；以古代哲学思想中的阴阳观为基础，从坐北朝南出发，左方为东，为阳，右方为西，为阴，于是就形成了方位体系中"尚左忌右"的观念（刘光准，1997：80）。汉语中"左右手"，而不是"右左手"这一固定用法就源于此。

此外，文化规约性对俄汉并列结构成分语序及翻译的制约还体现在俄汉语中方位词的使用中。当俄汉并列结构由"东西南北"等方位词组构时，俄汉语序差异很大。当四个方位词同时出现时，客观语境下，汉语四字格的惯用顺序为"东西南北"（按东尊西卑、南尊北卑的语义顺序排列）或"东南西北"（按顺时针方向），而俄语中四个方位词连用时的惯用顺序为"север，юг，восток，запад"。

当俄汉并列结构由"东西南北"四个方位中任意两个组构时，汉语中的惯用排序为：东＞西＞南＞北，且单个方位词不能叠用（陆俭明，1994：330）。展开即为：东西、东南、东北、西南、西北、南北。而俄语中基本遵循 север＞юг＞восток＞запад 的排序原则，展开即为：север-юг 南北、северо-восток（северо-восточный）东北（的）、северо-запад（северо-западный）西北（的）、юго-восток（юго-востоыній）东南（的）、юго-запад（юго-западный）西南（的）、восток-запад 东西等。

导致俄汉方位词两两组合顺序差异的主要原因在于，汉民族对方位的认识"以经线为主"（崔希亮，2001：98），这种思维反映到语言中就形成了"东北、东南、西北、西南"等将"东""西"前置的准方位词序。而俄罗斯民族对方位的认识正好相反，"以纬线为主"

（李谨香，2006a：59），就形成了俄语中以"юг""север"打头的准
方位词序。基于以上对比，下面笔者尝试对相关俄汉并列结构进行
翻译。例如：

[23] Известно，что окна обычных домов могут быть обращены
на все четыре стороны света：**на север，юг，восток и запад.**
（Николай Носов，Незнайка в Солнечном пгороде）

众所周知，普通房子的窗户可以朝向四个方位：**东西南北。**

[24] - Сколько стран света? - Четыре：**север，юг，восток，запад**.
- Хорошо.（В. А. Слепцов，Письма об Осташкове）

"一共有几个方位？""四个：**东西南北。**""好。"

[25] Ввёл эту оппозицию Иммануил Валлерстайн ещё 1976 г.，
но она сравнительно более свежая，чем **Восток-Запад，Север-Юг**，
развитые страны - слаборазвитые （затем из-за политкорректности
названные развивающимися），Первый мир - третий мир.（«Лебедь»，
2003）

这一反对观点是由伊玛努伊尔·瓦列尔斯坦尚于 1976 年提出
的，但它要比"**东西方、南北方、**发达国家和欠发达国家（之后出
于政治礼节被称为发展中国家）、第一世界和第三世界"的说法相对
新颖。

[26] Координационный комитет **север-юг**

南北协调委员会

[27] Советский ихтиолог Поддубный пришёл к выводу：рыбы，
только что помещённые в новый водоем，предпочитают （чтобы
«осмотреться»！）двигаться в направлении **север-юг**. （В. А.
Мезенцев，Популярная энциклопедия）

苏联鱼类学家波杜布内得出以下结论：刚被放入新水域的鱼（为
了熟悉新环境）更倾向朝**南北**方向游去。

[28] Птицы，гнездящиеся в **Юго-Восточной** Сибири，летят на
зимовки в Юго-Восточный Китай（35%），Индокитай（10%），на
острова Юго-Восточной Азии（16%），в Индостан（14%），**Северо-**

Восточный Китай，Японию，Корею.（«Вопросы вирусологии»，2001）

栖息在西伯利亚东南部的鸟儿正飞往中国**东南**沿海（35%）、印度支那（10%）、**东南**亚的岛屿（16%）、印度半岛（14%）、中国**东北部**、日本、韩国过冬。

以上翻译均采用了移位法。文化规约性对俄汉并列结构成分语序的制约大多具有强制性，即客观语境下的语序完全不可逆，而且语序制约差异明显。因此对于俄汉语中各自的惯常用法及语序差异，需要追根究底，加以识记并分辨，以确保翻译时语序的恰当处理。

通过以上对汉俄并列结构成分语序在语义层面的制约细则进行对比分析，可以发现，汉语并列结构成分语序受逻辑语义制约要比俄语并列结构成分语序显著得多，汉语并列结构成分语序主要靠逻辑这根线来引导和贯穿，这从汉语中有许许多多已经凝固的词就可以看出。与语义因素相比，俄语语序更容易受形态上的制约，这尤其体现在由连字符连接的并列复合词及由连接词"и"连接的并列短语中。

3.2 语音因素与翻译中的语序研究

从宏观上看，逻辑语义因素是制约汉语并列结构成分语序的首要因素。但汉语并列结构成分语序不可能时时与逻辑顺序保持一致。如果说，使得俄语打破其并列结构逻辑顺序的是形态，那么使汉语打破其并列结构逻辑顺序的重要因素就是汉语的韵律。汉语的音韵律，是指汉语的声调、音节和节奏（潘文国，1997a：280）。语音是语言的物质外壳，语音因素是对并列结构成分语序在形式上的制约，也是在俄汉并列结构互译中不可忽略的重要因素。从语音角度考察语言，有助于揭示语义、语用、认知等领域无法诠释的一些语言现象，也是进行正确翻译的条件之一（陈洁，2011：31）。汉语是声调型语言，俄语是重音型语言，汉语并列结构成分语序受到声调次序、音节奇偶、音步和谐搭配的影响，这些语音排序原则会对俄汉并列结构互译，尤其是俄译汉语序处理起到积极的指导作用。下文将分别加以阐释论证。

3.2.1 "音子序"原则

汉语中的"音子序"指汉语的调序、纽序和韵序（马清华，2005：111），调序、纽序、韵序依次影响汉语联合式双音节词或多音节词的内部排序。汉语并列结构成分语序首先会受声调次序的影响，这会对俄汉并列结构互译，尤其是俄译汉中的语序处理问题起到积极的指导作用。汉语界诸多学者（丁邦新、吕叔湘等）指出，汉语中一些并列式双音节词从逻辑或语义角度无法解释，但从调序上可以得到解释。例如：早晚-**迟早**；快慢-**缓急**；聚散-**离合**；表里-**里外**；胜败-**输赢**；主客-**宾主**等。在这一组例子中，每对联合式双音节词所表意义相同，但排序不同。前面一组词都按逻辑顺序排列，后面加粗双音节词都按汉语调序规律中的"四声八调（阴平、阳平、阴上、阳上、阴去、阳去、阴入、阳入）"规律排列。陈爱文和于平对汉语中并列式双音节词的排列顺序受语音因素制约进行了量化研究，认为汉语并列结构排序在语音上受声调次序的影响（陈爱文、于平，1979：101-105）。在声调次序上，尤其当并列结构由一平一仄两个单音节词构成时，平声（阴平/一声、阳平/二声）在前，仄声（上声/三声、去声/四声）在后。例如：烟酒、枪炮、花鸟、雷电、风雨。当两个单音节词同为平声或仄声时，阴平在前，阳平在后，上声在前，去声在后。例如：左右、丝毫、尺寸等。这类词往往已经凝固，次序不再随意颠倒。陈洁也进行了相关研究，将制约现代汉语普通话中联合式双音节词的这一排列原则称为"四声非降"，即后一个字的声调通常高于或同于前一个字的声调（陈洁，2011：32）。此外，"四声非降"原则还可适用于形式整齐的四字结构及其扩展形式：生龙活虎、平心静气、千军万马、只言片语、全心全意、豪言壮语、多愁善感等。

最有趣的是，汉语中有些四字格完全符合"阴阳上去"的调序：

酸甜苦辣、稀奇古怪、张王李赵、山明水秀、妖魔鬼怪等。

从以上分析可以看出，汉语并列双音节词及形式整齐的四字结构及其扩展形式的语序在语音上受声调次序的制约。俄语并非声调型语言，俄语并列结构成分语序并不受汉语音韵律的制约。翻译时，尤其是俄译汉时，要遵守汉语中这一语音规范。请看以下译例：

[29] Словом，огромное значение имеет практическое применение математических знаний в **производстве**，**технике** и **науке**.

总之，具有重要意义的是，在**生产**和**科技**中实际使用数学知识。

或可译为：

总之，具有重要意义的是，在**生产、技术**及**科学**中实际使用数学知识。

[30] Спрятаться от **дождя и ветра** было почти нигде.（Сим.）

几乎无处可躲**风雨**。

在例[29]中，俄语中并列结构的语序是 производство、техника、наука，根据语境需要，遵守的是由具体到抽象的排序原则。该例可有两种译法，一种遵循"四声非降"原则，将"技术"与"科学"调换位置，因为"科学技术（科技）"在现代汉语中几乎已经凝固；后一种译法遵循语境所要求的语用原则，按数学知识的实际应用领域——从具体到抽象排序。例[30]中，原文并列结构并无明确排序原则，译文中"风雨"遵循"四声非降"原则。

再如：

[31] Изменение заработной платы - один из наиболее важных процессов，определяющих состояние рынка труда，поскольку уровень начисленной номинальной заработной платы рассматривается как некоторая величина，уравновешивающая **спрос и предложение** труда.（«Отечественные записки»，2003）

调整工资水平是决定劳动力市场状况最重要的手段之一，因为应计名义工资水平被视为平衡劳动力**供求关系**的一个因素。

汉语中的"供求"遵循四声非降原则，俄语译文通常顺序相反

（спрос и предложение），遵循的是结构上由简至繁的原则。

相比之下，俄语中并列结构成分语序在语音层面并没有像汉语如此严格的规范，受人类信息加工由简入繁的常规模式的影响及平衡节奏的需要，俄语并列结构一般习惯遵循音节由短到长的原则。

3.2.2 "长音节后置，同音节相聚"原则

在汉语并列结构中，"长度序"的作用范围仅见于长短不一的非紧联并列结构中，"长度序"原则对汉语并列结构语序的制约效果体现在：并列各项排序由简至繁，音节多的并列项要后置于音节少的项；音节数相当的各项在排序时更倾向于靠拢（马清华，2005：112）。例如：不结盟、不对抗、不针对第三方；钱多、活少、离家近；头痛、恶心、浑身乏力等。长度序虽然只是一种优化语序的原则，并非强制序，但并列各项音节数目差异越大，可逆性越弱，强制性就越强。由于人类语言在发音时力求省力，普遍遵循信息加工时由简至繁的原则，在俄语松散的并列结构中，存在近似规律，例如：**Тёплый и холодный** воздух（**冷热**空气）；Общественный **спрос и предложение**（社会供求）；**Цель и направление**（目标和方向）等。此外，长音节后置是俄语并列复合词重要的组构规律。例如：**Технико-экономическое** сотрудничество（**经济技术**合作）；**Культурно-экономический** обмен（**经济文化**交流）；**Торгово-промышленный**（**工商的**）；**Информационно-телекоммуникационная** сеть（**信息通信网**）等。在俄汉并列结构中，长音节后置原则衍生的一个重要原则就是结构复杂项后置原则。例如：**Философия и общественные науки**（**哲学和社会科学**）；Взаимное уважение **суверенитета и территориальной целостности**（互相尊重主权和领土完整）；Он рассказал нам **о своей жизни, о том, как он преодолел все эти трудности**（他给我们讲了自己的生活，讲他如何克服了这些困难）。在"长音节后置，同音节相聚"原则的制约下，俄汉翻译中的移位主要为俄语遵循长音节后置，汉语遵循音子序原则形成的不同的语

序面貌所致。例如：

[32] Конечно, **спрос и предложение** музыки тоже являются предметом исследований. Есть крупнейшие менеджеры, которые могут влиять и влияют на ситуацию во всём мире.（«Культура», 2002）

当然，音乐的**供求**也是研究对象。有一些主要的管理者能够并确实影响着世界局势。

[33] Самую высокую цену заплатил израильский тыл — это постоянные обстрелы городов, **жертвы и раненые** среди гражданского населения.（«Русский репортёр», 2009）

以色列后方所付出的最大代价就是城市遭遇持续炮击，人民**伤亡**不断。

[34] **Торгово-экономический** обмен между Китаем и Россией
中俄间的**经贸**交流

例[32]至[34]中，俄语原文都受长音节后置原则影响，而汉语若译为联合式双音节词，音节数目相等，排序上受声调的影响，产生移位。

[35] Сперва автомобиль использовался только для перевозки пассажиров, но скоро его стали использовать и для перевозки грузов. Так появились три семьи автомобилей: **легковые, грузовые и автобусы.**（闫德胜，1992：32）

最初汽车只用来运载旅客，但很快也用来运载货物。这样，就出现了三大类汽车：**小客车、大客车和载重汽车**。

例[35]中，俄语原文中，легковые 和 грузовые 音节相同，词尾一致，并且都与 автомобили 搭配，在排序位置上更倾向于互相靠拢，автобусы 音节更长，故后置，译为汉语时，"小客车"与"大客车"在音节长度上的一致使其互相靠拢。该例中，俄语原文并列各项和译文音节长短对应不一导致移位，但都受"长音节后置，同音节相聚"原则的影响。

3.2.3 "音步序"原则

"音步"是语言中最基本的节奏单位，人们说话时会无意识地产生很多停顿，处于两个最小停顿之间的单位就是音步。这里之所以强调"无意识"，是因为语言中有些停顿还会受到意义和结构的影响，而这里讨论的是"自然而然"的纯粹节奏中的停顿。（冯胜利、王丽娟，2018：58）音步可以打破语言在句法和语义上的组构规律来发挥作用。音步可以征服句法，使非法变成合法。汉语中"三十／而立"，"而"是连词，"而立"在句法和语义上都讲不通，却可以单独使用（"而立之年"），因为从韵律上行得通，"而立"是一个韵律单位。（冯胜利，2003：2）"一衣带水"按语义理解本是"一条如衣带一样宽的河水"，"衣"和"带"之间不可分割，但我们通常读作"一衣／带水"，以至于很多人都不知道这里的"带"为何义。此处为了满足韵律上的音步组配（成双配对）而割裂了语义上的连接性。

受音步制约的并列成分排序称为音步序，音步会对俄汉并列成分翻译中的语序调整产生影响，这主要体现在并列多项定语中。根据语义靠近原则，俄汉非并列多项定语有着相似的排序规律：表事物非内在的、非稳定的、非本质的特征的形容词＞内在的、稳定的、本质特征的形容词＞中心词。俄语定语排序"性质形容词＞关系形容词"也符合这一规律。例如：Новые жилые дома（新住房）。但这只是一种理想状况，俄汉多项定语受各个平面因素制约，错综复杂，多数情况下，翻译时需要移位。当俄语原文受语义因素制约，而汉语译文语音因素压倒语义因素就是很好的例证，会导致翻译时语序的调整。

汉语界学者罗一丽、张辉通过对汉语黏合式多项定语排序中韵律和语义的互动进行研究，发现"当汉语黏合式多项定语由单双音节混合组构，且单双音节属于同一语义层级范畴时，汉语黏合式多项定语的排序本该遵循的语义因素就会被韵律因素所打破，单音节定语需移至双音节定语后"，罗一丽、张辉将多项定语语义范畴分为"低层次"和"高层次"两个范畴，"低层次"语义范畴主要指日常生活中最常见、最基本且最容易辨别的概念范畴，表示新旧、大小、颜色、形状或气味等。"高层次"语义范畴指更复杂、更难以辨别的概念范畴，如表属性、材料、功能义的定语（罗一丽、张辉，2018：50）。也就是说，汉语黏合式多项定语在语义上越靠近，其排序就越容易被韵律因素所打破。这里所谈的韵律因素就是本书所要探讨的汉语语音因素中的音步组配规律对俄汉并列多项定语翻译时移位的影响，具体为"成双配对"原则及"偶启奇止"原则。

3.2.3.1 "成双配对"原则

"成双配对"原则适用于诠释汉语双音节词、"四字格"以及某些六音节词的组配规律（陈洁，2011：34）。现代汉语中的众多四字格在音步组配规律上一般也按"2+2"划分为前后两个音步，"成双配对"，读起来朗朗上口，如：卧虎 / 藏龙、一心 / 一意、兴高 / 采烈等。一些外国地名译为汉语四字格或六字格时音步的划分也遵循类似规律，例如：巴基 / 斯坦、布鲁 / 塞尔、捷克 / 斯洛 / 伐克等。符号" / "表示音步界，即音步的划分。"成双配对"原则对俄汉并列多项定语翻译时的语序起制约作用。例如：

[36] Взаимное политическое доверие 政治互信

[37] Восточная накинская улица 南京东路

[38] Главное геодезическое управление 测量总局

3.2.3.2 "偶启奇止"原则

冯胜利曾撰文对汉语中的一些音译外来词以及联合式多音节词进行研究，来考察汉语中不受句法和语义影响的"自然音步"的原始韵律属性，作者得出的结论是：对五音节词而言，最自然的音步组配规律是"2+3"，例如：布尔/什维克、加利/福尼亚、金木/水火土、金银/铜铁锡等；对七音节词而言最自然的音步组配规律是"2+2+3"，例如：柴米/油盐/酱醋茶、布宜/诺斯/艾利斯等（冯胜利，1998：42）。陈洁也指出，现代汉语五音节和七音节词语的音步组合通常由"偶数（2 或 4）音节音步段启始，三音节音步段煞尾"，简称"偶启奇止"（陈洁，2011：33）。汉语音步序原则受汉语右向音步规则制约，在紧联式并列结构中属强制语序，对松散式并列结构

来说是一种优化语序（马清华，2005：113）。例如：礼轻 / 情意重，
易燃 / 易爆炸，钱多 / 事少 / 离家近，石油 / 天然气，国事 / 家事 /
天下事，腰酸 / 背痛 / 腿抽筋等。换言之，在松散式并列结构翻译
时，遵循音步序原则更符合发音规律，译文读起来更朗朗上口。例
如：Новый красивый мир（美丽新世界）。本例中，俄语原文中的
"новый"和"красивый"都是性质形容词，译为汉语"美丽""新"
都是描写形容词，为并列关系，不受句法的制约，但汉语译文并没
有译作"新 / 美丽 / 世界"，正是因为受汉语右向音步的制约，且单
音节词不能构成一个音步，所以此处为了符合音步上的组配规律而
产生移位：美丽 / 新世界。

　　在俄汉并列成分排序中，语音因素有助于理解并解释单靠语义
无法阐释的"奇怪"现象，对俄汉并列成分语序差异的形成及翻译
中语序的调整产生重要影响，也是在翻译中必须考虑的因素之一。
将语音同句法、语义、语用置于同等重要的地位，既单独又综合起
来探讨俄汉翻译中的语序问题，有助于彻底理清俄汉语序差异的形
成机制。

3.3　语用因素与翻译研究

　　"语用语序"是指个体（说话人或作者）为了表达一定的交际目
的或修辞色彩而在静态语序基础上做出的有意调整，具有临时性、
动态性和不可复现性。语用语序在语义语序和语音语序的基础上灵
活发挥作用。从单语研究来讲，语用语序和语义、语音语序处于互
动之中，语用因素中的修辞因素、语境因素都会对俄汉并列结构各
项排序产生影响；但从双语转换的视角来看，情况又有所不同，下
文分别加以分析。

　　语用因素对俄汉并列结构成分语序的制约是调节性的。如果说
上述俄汉并列结构语序各语音和语义制约因素为翻译实践提供了基
本规范和参考标准，那么在俄汉互译中，就需要以语音和语义因素

为基础，在具体的语境和上下文中灵活调整语序。并列结构成分语序的语用制约因素可与语音或语义制约因素的制约效果**保持一致**，此时受语音或语义因素制约的并列结构成分语序并不影响说话人或作者表达自己的交际意图、修辞色彩或感情色彩。在这种情况下，俄汉并列结构的语序及翻译策略就需要遵守语音和语义因素各规则。

但更多的情况下，我们会碰到由于语用因素的制约，俄汉并列各结构语序出现对语音和语义因素**偏离**的情况。"只要语境许可，甚至一些已经凝固的排列顺序都可以打破"（廖秋忠，1992：169）。例如：

[39] *我们一向主张，世界上所有国家，不论**大小**、**富贫**、**强弱**，都是主权国家，应该一律平等，绝不允许**以大欺小，以富压贫，以强凌弱**。*（转自周荐，1986：90）

受语音因素的制约，通常的习惯表达是"贫富"。但作者为了让"贫富"与其并列的"大小""强弱"以及下文的"以富压贫"保持一致，有意调整了语序。在这种情况下，翻译时首先要判断并列结构的语序主要受哪个因素影响，并分析偏离的原因，在遵循主要的语序制约原则的前提下，对译文局部语序进行适当调整。因此，上述例句译为俄语应是：

Мы всегда выступаем за то, что все страны в мире, как **большие**, так и **малые**, как **богатые**, так и **бедные**, как **сильные**, так и **слабые**, являются суверенными странами и должны быть равноправными. Мы категорически выступаем против третирования малых （стран） большими, слабых - сильными, бедных - богатыми.

有时，语用因素会与语音或语义因素彻底**"背道而驰"**，比如语用因素中的礼貌原则。根据礼貌原则，说话人或作者将自己或自己认同的人、时、空、社会置于他人或其他的人、时、空、社会之后，或是不按重要性原则来排列并列的人物，而将地位较低的人置于地位较高的人之后（廖秋忠，1992：168）。从本质上讲，"礼貌原则"

同"自我中心原则"和"重要性原则"相背离。礼貌原则常带有深刻的社会文化烙印,在不同的语言群体中表现不同,其对语序的制约也不尽相同。以俄汉语中人称代名词与其他表人名词并列时的排序为例,汉语中说话人为了对与其相并列的人表示敬意,常常将遵循自我中心原则的"一二三人称/我你他"顺序调换,把"我"放在最后,例如:

[40] 师长总在他们家里请吃午后茶,同学在学院的宿舍里请。他们教锺书和我怎么做茶。先把茶壶温过,每人用满满一茶匙茶叶:你一匙,我一匙,他一匙,也给茶壶一满匙。(杨绛《我们仨》)

在该例中,杨绛为了表示对丈夫的尊敬,将丈夫置于自己前,该书中类似的例子还有很多。

俄语中表人名词与人称代词并列时,并没有将说话者或写作者"我"后置来表示对听话人或读者敬意的特殊规范。人称代词并列常遵循"я(我)-ты(你)-он(他)"的顺序。因此,上述"锺书和我"译成俄语为"Чжуншу и меня",原文中通过语序所表达的尊敬在译文中无法传达。这种现象又称为"语用失效"(pragmatic failure),即翻译时原文的语用意义往往难以在译文中传达而造成"语用失效"(包惠南,包昂编著,2004:21)。

礼貌原则对俄汉语在人称代名词与其他表人名词并列时的语序制约效果并不相同。因此翻译时,应当首先判断原文中是否蕴含一定的语用意义,然后决定是否对译文语序进行调整。俄译汉时,必要时将汉语中的"我"后置;汉译俄时,俄语语序可以同汉语语序保持一致,必要时使用其他非语序手段表达原文蕴涵的语用意义。

3.4 俄汉并列结构成分语序各制约因素间的竞争与综合翻译策略

以上分别就俄汉并列结构成分语序受语义因素中心理上的重轻

律、时序上的先后律、范围上的大小律、事理上的因果律、先时后空原则、文化规约性原则，语音因素中的四声非降原则及语用因素中的前后照应原则、礼貌原则等细则的制约效果进行了对比，并提出了相应的翻译策略。但在实际操作过程中，俄汉并列各语序制约因素间的界限并不是绝对清晰的，并列结构的语序面貌可能是由各因素综合施加作用的结果。由于上述很多因素都是建立在事物的固有属性上，而事物本身具有多面性，因此，俄汉并列结构成分语序各制约因素间存在相互加强、相互竞争、互不干涉三种关系。

相互加强即几个制约因素彼此和谐，对并列结构的制约效果一致，几个因素共同作用并不影响整个并列结构的排序面貌，比如"儿女"既符合"男＞女"原则，又符合汉语声调次序"阳平＞上声"的原则；相互竞争即同时对语序施加影响的几个制约因素彼此冲突，不同因素对语序的制约会产生不同的排序面貌，制约力最强的制约因素会起决定作用，比如上述的"女儿女婿"，亲疏观念的约束力就要强于尊卑观念，如果按"男＞女"的排序原则，应是"女婿女儿"，但此时"与我在情感上接近的人排列在先"原则压倒了"男＞女"的排序原则；互不干涉即制约因素间界限分明，并没有逻辑上的联系，比如时间先后原则和乐观原则。

此外，即使是同一类事物，也可能遵循不同的排序原则，中国省份名和城市名的并列排序就是很好的例证，有的排序遵循"重要性原则"，例如：北上广（深）、京津冀、沪宁杭；有的遵循"四声非降原则"，例如：江浙沪、苏杭；有的按"地理位置顺序"排列，例如：黑吉辽等。上述并列结构几乎已经约定俗成化了，语序可逆的情况比较少。翻译这类并列结构时，译文语序需要遵循原文语序所遵循的规则。

值得指出的是，不仅是原文和译文并列结构成分语序各制约因素间会存在相互竞争的关系，而且很多情况下，翻译时原文和译文并列结构成分语序所遵循的制约因素并不相同。例如汉语中的"耳目"遵循的是语音因素中的"四声非降"原则，俄语译文为"глаза и уши"，遵循的是重要性原则。受汉民族独特的面子文化影响，汉语中的"伤亡"遵守的是由轻到重的原则,而俄语译文常为"погибшие и пострадавшие",遵循的是重要性原则。

此外,通过对语义和语音因素对俄汉并列结构静态语序的制约差异及翻译中的移位法进行探讨,可以发现,语义和语音因素对解释静态中的并列结构各项线性序列形成的必然性具有十分重要的作用,从本质上讲,俄汉并列结构受语义和语音因素制约的差异及翻译中的移位法更多的是俄汉民族思维和文化差异所致,这体现了一种较高程度的无意识化,即一种规约性,也就是说,具有一定的可复现性。俄罗斯学者西加尔指出,并列结构成分语序所遵循的惯用层级(узуальная иерархия)相当稳定,并且可以在相应的并列结构中复现。而偶然层级(окказиональная иерархия)是暂时的,它既可以反映说话人的个体经验及价值判断,又可以反映说话人为了表达一定交际目的而对并列结构成分语序做出的调整。本节中的语义因素和语音因素对应的就是西加尔所谈及的惯用层级,语用因素就是偶然层级。

综上所述,俄汉语在语言体系及组词构句方面的差异是造成俄汉语序本质差异的根本原因。研究表明,汉语并列结构成分语序主要受逻辑和音韵的制约,而俄语并列结构成分语序主要受形态和逻辑的制约,而语用因素在此基础上发挥调节作用。造成汉俄并列结构成分语序差异背后的深层原因是思维与文化。各制约因素间是相互加强、相互竞争的关系。在具体操作中,译文的语序处理问题是复杂的。翻译时译文语序的选择不仅要考虑原文语序的制约因素、同一语序制约因素对原文和译文并列结构成分语序的制约差异,还要考虑原文和译文可能受不同制约因素的制约而产生不同的制约效果。通过对比俄汉并列结构成分语序的异同,可以更深刻地认识制约俄汉宏观语序和微观语序差异的表层原因和深层原因,从而妥善处理翻译中的语序问题。

3.5　本章小结

俄汉并列结构翻译时的语序问题是复杂的，移位法和顺序法的选择并不是简单地基于俄汉并列结构成分语序的共性和个性之上。这就需要译者在翻译过程中进行仔细鉴别、分析与思考，并谨慎地选用翻译策略。笔者详细分析语义、语音、语用各层面各细则的目的，就是希望为处理俄汉并列结构翻译时语序的处理问题提供切实可行的方法论指导。

制约俄汉并列结构成分语序差异的表层原因，即直接原因是语义、语音、语用等平面的各个细则。实际上，不管哪个平面——语义、语音、语用，甚至认知等平面的语序制约因素，最终的归宿都是语义，都要通过语义来发挥制约作用。此外，翻译的基础也是内容等值，达到"信"的标准、追求内容等值是做好翻译工作的第一要义。制约俄汉并列结构成分语序差异的本质原因是俄汉语言体系的差别及语序在各语言中所发挥的作用不同。制约俄汉并列结构成分语序差异的深层原因是俄汉民族思维与文化的根本差异。这也进一步印证了学者刘宓庆所提出的著名的对比研究"三个层次"①，进一步证明了大家高屋建瓴的学术视野。

本章主要探讨的是俄汉并列结构翻译中的语序问题，但笔者却花了相当的篇幅来从各个视角阐述制约俄汉并列结构成分语序差异

---

① 国内英语界学者刘宓庆提出的对比研究"三个层次"思想是中国对比语言学理论的重要组成部分，也是中国学者对国际对比语言学的重要贡献。刘宓庆认为，对比研究应分为三个层次，即语言结构表层，表现法（中间层次）和思维方式、思维风格（深层）三个层次。"语言表层结构"指形式结构层，表现法的基本形式手段和句法形式手段。"表现法层"指中介层，思维赋形为语言时的模式化表现手段。"语言深层"指思维形态和语言的哲学机制。对比研究不应仅局限于语言表层结构的视野，而应向语言的"纵深地区"进行探索，这样才能摆脱从形式到形式的"浅尝辄止"式的对比，准确把握所对比语言的异质性（heterology）特征。（详见刘宓庆《汉英对比研究的理论问题（下）》一义，载于《外国语（上海外国语学院学报）》1991年第5期，第44-48页。）

的表层原因、本质原因及深层原因。正如吕叔湘为我国第一本《英汉对比研究论文集》（1990）题词时所说："指明事物的异同所在不难，追求它们何以有此异同就不那么容易了。而这恰恰是对比研究的最终目的。"（转自潘文国、杨自俭主编，2008：4）重点研究语言之间的差异及其原因才是对比的目的，因为语言之间的"异"是进行双语互译时的干扰项，要彻底消除这些阻碍，就需要从根源上找到导致差异的原因。

通过对比的方法来研究翻译中的语序处理问题，可以进一步管窥对比语言学和翻译学之间的关系，加深对作为语言研究方法的"对比"与翻译之间的关系的理解。对比语言学和翻译学相辅相成。一方面，通过语序对比可以更好地解决翻译中的语序问题；另一方面，翻译研究的成果可以丰富对比语言学的成果。

通过以上分析可以看出，作为语言研究方法的"对比"并不是语言学研究的特权和专利，如果通过"对比"可以更好地、更彻底地解决翻译中的一些问题，就可以尝试这种新方法。此外，"对比"也更适合作为翻译中语序问题的研究方法，翻译中的语序问题处理也更需要进行双语语序对比。俄语界传统上探讨翻译中的语序问题大多基于经验，缺乏理论根基，只是零敲碎打，寻求一些翻译策略，"头痛医头，脚痛医脚"，无法从根源上解决问题。

俄汉并列结构翻译中的语序问题时常被忽略，因为诸多俄语学习者，尤其是初学者可能都会产生一种错觉：语法正确句子就正确，特别是像在语法语序如此灵活自由的俄语中更是如此。因为对于俄语学习者，初学俄语时都是从基本的语法规则学起，所以在翻译中译者懂得如何规避语法语序上的错误，但又时常忽略语序所传达的语义意义和语用意义。希望本章的研究能为学界带来启发，希望俄语界的学生及学者在今后学习、教学、研究和实践中，能够妥善处理俄汉并列结构互译中的语序问题，本章研究的最终目的也在于此——为后人带来启发。

4. 俄汉多项定语语序对比与翻译研究

第 3 章主要论述了各组构成分相互之间独立平等、互不依附并且在句中发挥相同句法功能的俄汉并列结构成分语序对比及翻译问题。但本书所界定的"平行结构"主要是指由两个或两个以上结构组构而成的、在句中发挥相同或近似句法功能的结构。在第 3 章和第 4 章中，笔者着重探讨在句中发挥近似句法功能的平行结构成分语序对比与翻译问题，主要为俄汉多项定语语序对比与翻译研究和俄汉同位结构成分语序对比与翻译研究，分别探寻这类平行结构翻译时语序处理问题中蕴含的规律。

俄汉语界对定语的界定大致相同。俄语界对定语的界定为说明事物的特征、性质、顺序、领属等意义的次要成分（张会森，2000：544）。汉语界将"定语"界定为体词性结构中中心语前面起修饰作用的成分（邢福义，2002：35）。俄汉语中的定语都主要起限定或修饰作用。但俄汉语界对多项定语的分类有所不同。俄语界通常根据定语在性、数、格上与被说明词是否一致将定语分为一致定语（согласованное определение）和非一致定语（несогласованное определение）。根据各项定语间的关系是否平等，俄语一致定语又可分为同等一致定语（однородное согласованное определение）[①] 和

---

① 俄语中的同等一致定语是指两个或两个以上的、处于同等地位的定语，即定语与定语之间没有从属的关系，它们以平等的身份共同修饰被说明词（史铁强，1997：34）。俄语同等一致定语汉译时的语序问题可参考第 3 章"俄汉并列结构成分语序对比与翻译研究"所探讨的译法，在此不再赘述。

非同等一致定语（неоднородное согласованное определение）①。（Д. Э. Розенталь，М. А. Теленкова 1976：162）汉语界学者通常将多项定语分为三类：并列关系多项定语、递加关系多项定语②、交错关系多项定语③。（刘月华，1984：145）俄语中的同等一致定语类似于汉语中的并列关系多项定语，非同等一致定语类似于汉语中的递加多项定语，俄语中同等一致定语和非同等一致定语共同出现时就类似于汉语中的交错关系多项定语。本节将着重探讨句法上各项之间并不平等独立的俄汉多项定语翻译中的语序问题，主要涉及俄语中的非同等定语，汉语中的递加关系多项定语、交错关系多项定语等。

多项定语的共现使得语序问题变得复杂起来，这也给语际转换带来了困难。很大程度上，俄汉多项定语的翻译问题都归结于翻译中语序的处理问题。俄汉多项定语的语序对比及翻译问题更为复杂，因为多项定语通常由性质各异的词类构成，其中既有表示领属、限定的词类，又有表示事物的材料、大小、颜色、功能等的词类，这些词与中心语的亲疏关系不同，并且俄汉语对定语的分类不同，俄汉定语具有各自的语法上的排序规范，加之俄汉语各自语言的特点，所有这些语法、语义、语用上的因素都导致俄汉不同类别的定语共现时语序差异很大，从而造成翻译时的迷惑性障碍。

俄汉多项定语语序在翻译中存在着严格的规范。汉语中的"新住宅"译为俄语是"новые жилые дома"，还是"новые, жилые дома"，还是"жилые новые дома"？为什么汉语中的"小红球"语序不可替换为"红小球"？为什么其俄语译文"маленький красный шар"

---

① 与同等一致定语相反，俄语非同等一致定语各项间的关系并不平等，它们从不同层面和角度来修饰中心语。（Д. Э. Розенталь, М. А. Теленкова 1985：162）在非同等一致定语中，前置定语不和所修饰的中心语直接产生联系，而是修饰后面与其相邻的词组，各项定语之间没有标点符号隔开。

② 汉语中递加关系多项定语的各项虽然都与中心语之间存在修饰关系，但从结构层次上看，是按排列顺序依次修饰其后的偏正结构。（刘月华，1984：146）黄伯荣、廖序东将这种现象称为"以左统右"多层次定语表示法，即通常左边的一个词语修饰右边的所有词语。（黄伯荣、廖序东主编，2002：90）

③ 汉语中交错关系多项定语指既包含并列关系，又包含递加关系的多项定语。（刘月华，1984：147）

定语语序与汉语原文语序一致？"Два наших друзей"与"наши два друга"表意是否相同？应该分别怎样翻译？上述翻译问题的存在都与多项定语语序有关，但上述原文和译文多项定语语序的潜在制约因素分别是什么？多项定语的排列是否存在有序性？厘清这些有序性对解决翻译中的语序问题有什么启示？这些都是下文要尝试解决的问题。

4.1　俄汉多项定语语序差异与翻译转换研究概述

多项定语的语序问题一直是学界关注的焦点问题。就单语研究来看，汉语界朱德熙（1984）、刘月华（1984）、陆丙甫（1988）、马庆株（1995）、袁毓林（1999）、范晓（2001a、2001b）、乔娟（2012）、张振亚（2013）等学者从句法、语义、语用、认知等视角考察了汉语多项定语语序的排列规律。俄语界学者王寰康（1989）、史铁强（1997）、李谨香（2006b）、张会森（2010a）、王翠（2013、2011）、Е. Новиков（2016）、А. С. Улитова（2016）、О. С. Казаковцева（2017）及诸多国内外语法书中都对俄语多项定语排列规律提出了独到的见解。多项定语语序问题似乎是语言界难以绕过和回避的问题。关于俄汉多项定语语序对比这一问题，俄语界已取得了一定的研究成果。但将俄汉多项定语语序进行对比，并将对比成果运用到翻译研究中去探讨翻译时语序的处理问题，相关研究并不多见。俄语界金大辛、武树元、陈洁、李谨香等学者做过相关研究。

金大辛（1959）对俄汉定语语序做出分类式阐述，并举例说明俄汉定语语序的差异。作者主要得出以下结论：第一，汉语定语语序相对俄语更稳固；第二，正常语境下有无后置定语的差别——俄语中存在非一致定语（后置），汉语正常语境中并没有后置定语；第三，多项定语中，最前置定语的差别——俄语中习惯将限定代词或不定代词置于最前，而汉语中习惯将指示代词或物主代词置于最前，如 Всякие эти впоросы（这一切问题）、Некоторые наши товарищи

（我们的一些同志）。

武树元（1987b）在《如何翻译俄语长定语》一文中，以对比为基本方法，探讨了汉语多项定语语序遵循的基本规律及对俄译汉的指导作用。作者认为汉语多项定语语序遵循以下规律。第一，限制性定语（说明事物是"哪一个"）＞描写性定语（说明事物是"什么样的"）。第二，汉语多项限制性定语连用时，排序通常为：（1）表示领属关系的词和代词通常置于最前；（2）结构复杂的定语（主谓短语、动词短语、介词短语）＞结构简单的定语；（3）数量词和指示代词位置相对灵活，但宜离中心词较近。第三，汉语多项描写性定语连用时，排序通常为：结构复杂的定语＞双音节形容词＞不加"的"的单音节形容词。例如：Два неприниримые основные нарявления в философии 哲学上两个不可调和的基本派别。

陈洁（2006）通过大量实例对比分析了俄汉定语语序的异同及对翻译的启示。作者归纳总结出俄汉定语语序的五点差异。第一，客观语序下是否存在后置定语的差别。汉语中一般不使用后置定语，而在俄语多项定语中，通常习惯将表示颜色、材料、语种等意义的定语后置来避免"头重脚轻"。第二，指示代词与人称代词连用时语序的差别。汉语中人称代词＞指示代词，俄语语序相反。第三，性质形容词（表示主观评价意义的定语）与关系形容词（表示客观评价意义的定语）连用时语序的差别。汉语中表示主观评价意义的定语＞表示客观意义的定语，俄语语序相反。第四，表颜色意义的定语与其他定语连用时位置的差别。表示颜色意义的定语，在汉语中可置于表示主观评价意义的定语之前或之后，而在俄语中通常放在其他性质形容词后，且俄语中某些表示颜色意义的不变化词常常后置。第五，音节简单与音节复杂定语连用时语序的差别。汉语中习惯将音节复杂的定语置于音节简单的定语之前，俄语正相反。

李谨香（2006b）从认知语言学中的"指别性领前"原则和"亲疏等级"原则出发，对汉俄多项定语语序进行了解读，认为汉俄多项定语排序虽在语义上存在相通之处，但汉俄语自身的特点决定了汉语多项定语排序的主要依据是语义，而俄语多项定语排序的主要依据为语法形态。

通过对现有研究进行梳理，可以发现，从 20 世纪 50 年代至今，俄汉多项定语语序对比与翻译问题之所以备受关注，而且能够"常写常新"，不仅是因为这一课题具有潜在的研究价值及对实践切实的指导意义，更是因为这一课题非同寻常的复杂性，并从侧面反映了现有研究对解决这一问题的不足性以及不彻底性。现有研究大多零散，缺乏理论依托，科学性和系统性不够，并且通过个例得出的结论往往缺乏普遍性的指导意义。在本节中，笔者主要在前人研究成果的基础上，立足于俄汉定语语序各自特点，从句法、语义、语音、语用等视角综合考察俄汉多项定语语序对比与翻译时的顺序法和移位法。

最后，笔者依据前人的研究成果，并参考可别度领前原则①与语义靠近原则②，分别列出了俄汉语中充当定语的各类词词汇-语法分类以及多项定语常序，详见表 2 和表 3。

---

① "可别度"从字面上讲为可识别度，学界也称指称性、定指性、可激活的程度。陆丙甫从语言类型学角度将可别度领前原则对语序的制约性概括为：在其他一切条件相同的前提下，可别度高的成分前置于低的成分，可别度越高的成分越倾向于前置；在名词短语中，如果其他一切条件相同，可别度高的定语总是前置于可别度低的定语。（陆丙甫，2005：4）根据可别度领前原则，越是容易识别，信息越容易加工；越是容易确定所指内容的定语，就越容易出现在前。因此，在俄汉名词短语中，前置的多项定语语序都存在以下稳定的排列顺序：指示代词／指别词＞数词＞形容词＞中心词。在俄汉语中，指别词都指代完全确定的已知信息，具有最高的指别度，排在最前。数词是对中心词外在量上的修饰，形容词是对中心词内在属性上的修饰，数词的可别度比形容词更高，因此数词排在形容词前。例如 Эти три новых жилых дома 译为汉语是"这三幢新住宅"，译文语序与原文语序一致。

② 可别度领前原则反映了定语与中心语之间的亲疏关系，这种亲疏关系体现在语义上就是"亲疏原则"或"语义靠近原则"。语义靠近原则对语序的制约为：越反映事物内在的、稳定的本质特征的定语就越靠近中心词。"指示代词／指别词＞数词＞形容词＞中心词"这一顺序也可以用定语与中心语的语义紧密程度来解释，指别词可别度最高，它所蕴含的与中心词相关的新信息最少，它与中心词的语义关系就最疏远，与中心词的位置就离得最远，数词、形容词与中心词的位置远近可以此类推。在语义靠近原则的制约下，俄汉语前置多项定语有着共同的排序规则：表事物非内在的、非稳定的、非本质的特征的形容词＞内在的、稳定的、本质特征的形容词＞中心词。上述"новые жилые дома"中，"новые"表示房屋的新旧，"жилые"表示房屋的功能，"新旧"是房屋的外在特征，而"用来住的"是房屋更加内在的、稳定的功能，与 дома 更靠近，因此，"жилые дома"（住房）在俄语中几乎已经凝固，形成固定用法。

表 2　俄语中充当定语各类词词汇-语法分类及前置多项定语常序

大类	形容词		代词				数词
小类	性质形容词	关系形容词：可表示事物的材质、功能、用途、时间、处所等（майский，русский，деревянный，рабочий 等）	限定代词（всякий，всяческий，каждый，любой，весь，целый，сам，самый 等）	指示代词（тот，этот，такой，следующий，тот-то，такой-то 等）	物主代词（мой，твой，его，её，свой 等）	不定代词（какой-то，некоторый，некий 等）	顺序数词（первый，второй 等）
	理性形容词（主观特征）：经过对比、分析、推断得出的评价特征（умный，красивый，мужественный 等）　纯经验形容词（客观特征）：人体的五官和肌肉能直接感知到的特征（чёрный，тихий，сладкий，медвяный）						

各类词内部排序规则及总排序规则
1. 代词（限定代词＞指示代词＞物主代词或不定代词＞物主代词）或顺序数词＞形容词（理性形容词＞性质形容词＞纯经验形容词＞关系形容词）＞关系形容词＞非一致定语。（句法排序）
2. 新旧＞大小/形状（相对的）＞颜色（绝对的）＞材质（绝对的）＞中心词。（语义排序）
3. 量上的特征＞质上的特征（主观的特征＞客观的特征）＞中心词。（语义排序）

表注：参见信德麟、张会森、华劭编，《俄语语法》，北京：外语教学与研究出版社，2009。

表 3 汉语中充当定语各类词汇-语法分类及多项定语常序

大类	形容词		非谓形容词（区别词）：主要给事物分类或表划定范围，使语言更加准确严密，区别词往往成对成组（男/女，中式/西式，民用/军用，国有/私有，大型/中型/小型/微型等）（黄伯荣、廖序东主编 2002：18）
小类	性质形容词（限制性）：单纯表示属性：软、硬、好、坏、勇敢、大方、聪明等	状态形容词（描写性）：主要用于交际中突出人或事物本来就有的某一特性，使语言更加生动形象（绿油油、水灵灵、黑不溜秋、弯弯曲曲等）	区别词义特征：武样种类：大号皮鞋、大陆性气候、文教事业；品级等第：高层次会议、高等数学、同等学力、主要洲际联系；国籍民族：俄汉词典、中外名人；颜色外观：彩色电视、印花毛巾；用途功能：越野车、日用商品、家用电器；材料质地：呢大衣、钢化玻璃、丝绸衬衫；其他属性：女运动员、母老虎、双眼皮
按语义	黏合式定语（不带"的"定语）：红花、绿叶	组合式定语（主要为带"的"的定语）：其次还有数量词以及表领属关系的词构成的定语中结构中的定语：漂亮的女孩、绿油油的麦田	
按形式	黏合式		
各词类内部排序规则	状态形容词由形容词构成的多重定语（马庆株，1995：361），例如：水汪汪的大眼睛。组合式定语由形容词构成的正结构中总是偏正结构的大词总出现在最前（马庆株，1995：361）。		1. 多项区别词连用时，有数量或多有指大义形容词语素的区别词总出现在最前（马庆株，1995：361）。2. 表数量义、表大义的区别词＞表来源义的区别词＞表种类义的区别词
总排序规则	1. 组合式定语＞黏合式定语＞中心语（句法排序）2. 黏合式定语内部排序：时间＞处所＞外形＞颜色＞材质（语义排序）3. 限制性定语＞描写性定语＞中心语（句法排序）4. 限制性定语内部排序：表领属关系的名词或代词＞表示时间或处所时同所指同或处所当充当范围的由各类短语充当的词（刘月华，1984：149）（语义排序）		

4.2 多维视角下的俄汉多项定语语序对比与翻译研究

俄汉多项定语语序受俄汉定语的分类、句法、语义、语音、结构、惯常用法、语用等多种因素的制约而产生排序上的差异以及翻译中的移位。在具体的俄汉多项定语翻译实践中，究竟是否需要移位，应当怎样移位，这其中蕴含着怎样的规律，都是下文将要研究的问题。

4.2.1 语法因素与移位

4.2.1.1 俄汉语中有无后置定语的差异与移位

4.2.1.1.1 俄语中非一致定语后置汉译时的移位

俄语语法将定语分为一致定语和非一致定语，通常情况下，一致定语前置，非一致定语后置，可由不带前置词的名词第二格或第五格、带前置词的名词各种间接格、形容词单一式比较级、副词或动词不定式等来表示领属意义、事物的特征或性质意义、动作的发起者、行为方式、比较意义等。例如：Библиотека **университета**（校图书馆），Платье **красного цвета**（红色的裙子），Галстук **бабочкой**（蝴蝶领结），Дети **постарше**（较大的孩子），Ручка от двери（门把手），Россия **сегодня**（今日俄罗斯），Разговор **за ужином**（晚饭时的谈话）等。但客观语境中，汉语中的定语基本都要前置。因此，当俄语原文中多项定语含有上述非一致定语时，译为汉语时需要前移。例如：

[1] **Центральный** Комитет **18-го созыва** КПК

中国共产党第 18 届中央委员会

[2] **Чёрный** галстук **бабочкой**

黑色的蝴蝶领结

[3] Когда Володя пришёл домой, к ужину был подан **густой** бульон **красного цвета**.

瓦洛佳到家时，晚餐上了一种**红色的浓**汤。（或：浓浓的红汤）

[4] **Трудные** упражнения **по грамматике**

很难的语法练习（或：语法难题）

上述例句中，原文中的后置定语在翻译时都移到了中心语前。

需要指出的是，虽然俄语中不带前置词的二格名词作后置定语，通常表示人的外貌、年龄、品质，物的颜色、式样、大小等，这是一种极为常见的情况，但客观语境中，也会存在一些二格名词作定语前置的特殊情况，会对翻译产生一定的影响，所以单独拿出来进行分析。

俄语中类似于"тип""род"的名词二格与 свой、такой、другой、подобный、всякий、различный、этот 等词连用作定语时，可前置也可后置于中心语，且前置更常见，常用在科技语体中。若这类名词二格定语在原文中前置，翻译时就无须移动这类定语的位置。例如：

[5] **Немало такого рода** проимшествий случилось и за эти годы моей работы в Большом театре.（И. К. Архипова. Музыка жизни）

我在大剧院工作的这些年间，发生了**不少这类**事件。

[6] Процессы управления вузом требуют интеграции **структурных** единиц **различного типа** в единую организационную структуру，что невозможно без использования современных информационных технологий.（«Информационные технологии»，2003）

高校管理过程要求将**各类组织**单位合为统一的组织机构，不使用现代信息技术，就无法实现。

[7] Новая модель серии StorEdge 3000 будет востребованна массовым потребителем на отечественном рынке и станет **своего рода "народной"** маркой в сфере высоких технологий.

StorEdge 3000 系列的新款将被国内市场上的大众消费群体所

需要，成为高科技领域的**一款"亲民"**品牌。

此外，俄语名词二格作定语时还可表示获得勋章或奖章的单位（胡孟浩，1963：38），这类定语在任何情况下只能前置，译为汉语时常为动词短语"荣获……的"。例如：

[8] **Московский ордена Ленина большой** театр

荣获列宁勋章的莫斯科大剧院

[9] **Московский ордена Ленина и ордена трудового Красного знамени государственный** университет

荣获列宁勋章和劳动红旗勋章的国立莫斯科大学

[10] Такой дикий образ жизни даёт ей возможность регулярно пользоваться одиним из самых замечательных видов сообщений - **Октябрьской ордена Ленина железной** дорогой. （Дуня Смирнова. Октябрьская железная дорога）

这种原始的生活方式让她有机会定期体验苏联时期最有名的交通方式之一——**荣获列宁奖章的十月铁路**。

上述译例中，由"ордена Ленина"之类的名词二格作定语时，译为汉语虽然大的方向不会移动，但俄语中这类名词二格前置时，位置紧靠中心语，在其他定语之后，译为汉语时，常为动词短语，移至其他定语前。

4.2.1.1.2　俄语中一致定语后置汉译时的移位

客观语境中，俄语中也存在个别后置的一致定语，翻译这类定语时也存在大方向上的移位（由后至前）。

俄语中的一致定语一般都要前置于中心语，但也存在例外。俄语中诸如 что-то/что-нибудь/кое-что、кто-то/кто-нибудь/кое-кто 等不定代词的一致定语也只能后置，这也是俄语句法的要求，如：Что-то новое（新鲜的事）。俄语中修饰这类词的多项定语要后置，译为汉语需要将定语前置。例如：

[11] Но девушка опять уже пела над ним, пела ещё что-то **такое бессмысленное и звонкое**, а он улыбался, сползая с неудобного кресла, всё кивал ей головой и уж ничего не видел около себя. （Ю.

О. Домбровский, Обезьяна проходит за своим черепом）

但姑娘又给他唱歌，还在唱着**如此毫无意义的、铿锵有力的**歌，他笑着，眼看要从不舒服的椅子上滑落下来，还在不停地向她点头，似乎早已忽视了周围的一切。

客观语境中有无后置定语是俄汉定语在语法上最显著的差别，这属于大方向上的差别，明确俄语语法中各类定语的一致定语与非一致定语中的一般规则与特殊情况，是翻译时处理好语序问题的第一步。

4.2.1.2　俄汉物主代词（人称代词）位置的差异与移位

俄汉语中作多项定语的代词，其语序分布存在差异。当俄语一致定语由性质各异的词类组构时，通常排序为：限定代词＞指示代词＞物主代词＞性质形容词＞关系形容词。但汉语多项定语中，通常将表领属关系的人称代词（对应俄语中的物主代词）置于其他限制性定语前。若俄语多项定语中物主代词与限定代词、指示代词其中至少一个连用，翻译时需要移位。例如：

[12] Когда **этот мой** товарищ приехал в Москву поступать в вуз，то сдал документы сразу в несколько мест - куда попаду，туда и попаду.（О. Стецко, Сложить, чтобы умножить）

当**我的这个**同学来到莫斯科考大学时，他一下向好几所学校提交了申请材料——能考上哪就去哪。

[13] А **те наши** читатели，которые ошибочно не считают свою жизнь достаточно интересной，чтобы рассказать о ней，поведали о другом - о своих мыслях и заботах.（«Столица»，1997.11.24）

我们的那些读者错误地认为自己的生活不够有趣，没什么可谈的，他们谈论其他事情——自己的想法和忧虑。

[14] **Некоторые твои** знакомые，например，двадцатилетний Костик，он так и считает，что ты деловая женщина с солидной репутацией.（Е.Сухов, Делу конец - сроку начало）

你的一些熟人，比如说二十岁的科斯季克也认为你是事业型的女性，十分有威望。

[15] Каждая такая **ваша** статья

您的每一篇这样的文章

在上述四例中，俄语原文都遵循"限定代词＞指示代词＞物主代词"的排序，但汉语译文中表领属关系的代词需要置于最前，因此翻译时产生了移位。

4.2.1.3 俄汉定语表同一语义时所属词类不同与移位

在俄汉多项定语互译时还会碰到一种现象，可能俄汉定语中表义相同的词，在两种语言中被归为不同的词类，从而导致用法不同以及多项定语中语序的位置差异，比如俄语中的"прочий""остальной""другой"译为汉语中的"其他"时。请看以下译例。

[16] Как и **все прочие высказывания**, залакированные многими языками, фраза о том, что красота спасёт мир, кажется ужасной банальностью.（«Известия»，2002.03.31）

正如用多种语言修饰的**其他所有**表述一样，"美可以拯救世界"这句话听起来十分荒诞无稽。

[17] Я не хотел быть писателем, хотел просто встречаться, выливать. Жить, как **все остальные** люди. Зачем писать, когда есть Пушкин, Толстой? （«Известия，2012.03.26»）

我不想成为作家，我只是想交友，想倾诉，想像**其他所有**人一样生活。既然都有普希金、托尔斯泰这样的大文豪，我还为什么要成为作家？

[18] Здесь около 100 произведений живописи второй половины 19-го века - начала 20 века из собрания Национального музея в Белграде: Коро，Моне，Писарро，Матисс，Модильяни，Кандинский，Шагал и **многие другие** звёзды нового искусства.（«Известия»，2002.10.08）

这里展出了贝尔格莱德国家博物馆收藏的 19 世纪下半叶至 20 世纪初期期间的将近 100 幅画作，其中包括柯罗、莫奈、皮萨罗、马蒂斯、莫迪利亚尼、康定斯基、沙加尔及**其他许多**新型艺术大师的作品。

上述俄汉多项定语语序翻译中都采用了移位法。原因在于，汉语中的"其他"是代词，在句中指示或代替一定范围以外的人或事物，不受别的词修饰，在句中常作定语、主语、宾语等（冯志纯主编 2010：539）。从上述定义可以得知，当"其他"在句中作定语时，通常指示的是一定范围以外的人和物，这时"其他"实际上充当的是**指示代词**，所以不受别的词修饰。因此，"其他"若在汉语多项定语中出现，常常会置于最前，例如：**其他**许多复杂因素，**其他**许多国家和地区，**其他**几个搜索引擎公司等。而俄语中将 прочий、остальной、другой 等归为形容词。通过对比可以发现，虽然汉语中的"其他"与俄语中的"прочий、остальной、другой"等类词表义相近，但由于所属词类不同，造成其在句中的位置不同。根据可别度领前原则，俄汉多项定语的稳定排序为：指示代词／指别词＞数词＞形容词＞中心词，这样就不难理解，为何与数词连用时，汉语中的"其他"在前而俄语中的"прочий""остальной""другой"等词在后了。英语中也存在类似的用法，例如：**many other** students，译为汉语应是"**其他**许多学生"。这也进一步说明，俄汉语中原文和译文表面上的语义对应并不能代表词类划分的相同，翻译时更不能随意照搬原文语序。

4.2.2　语义因素与移位

4.2.2.1　大小概念排序的差异

俄汉多项定语语序不仅在语法上有各自的排序规范，在语义上俄汉多项定语语序差异也呈现出一定的规律。当俄汉多项定语环环相扣，用以表加确关系时，汉语多项定语通常排序为从大概念到小概念，俄语相反，这常用在关于时空概念的表述中。例如：

[19] Студент **факультета русского языка ШУИЯ**

上海外国语大学俄语系学生

[20] Семь часов **утра 1-го мая 2018 г.**

2018 **年** 5 **月** 1 **日早上** 7 点

上述例句中，原文中表加确关系的后置定语按从小到大的顺序排列，汉语译文按从大到小的顺序排列。

4.2.2.2　俄汉表"领属"义定语位置差异与移位

俄语中的领属关系通常用名词二格后置来表达，但译为汉语时，表领属关系的词一般置于多项定语最前面。例如：

[21] **Прочный** мир **Епропы**

欧洲的持久和平

[22] **Самый красивый город Китая**

中国最美丽的城市

[23] **Центральный** банк **РФ**

俄罗斯联邦中央银行

在一些情况下，俄语多项定语中表国籍的词也可以译为汉语中前置的表领属意义的词。例如：

[24] То，что написали жители **одного французского** города в письме，учёные считали просто фантазией людей.（闫德胜，1990：74）

学者们认为，**法国某个城市**的居民在信中所叙述的事不过是幻想而已。

[25] Некоторые крупные **отечественные** предприятия（«Итоги»，2003）

国内一些大型企业

[26] Аврора заверила какие-то бумаги и нас повезли в Геру - самый **фешенебельный местный ресторан**.（Сергей Довлатов，Заповедник）

奥罗拉在一些纸上签了字后，我们就被带到了"格鲁"——**当地一家最奢华的餐厅**。

4.2.3　语音因素与移位

第 3 章中主要探讨了语音因素中"四声非降"原则对汉语联合式双音节词及其扩展形式字序上的制约及对俄汉并列结构翻译时语序问题的指导作用。俄汉多项定语翻译时的语序还会受到汉语多音节词音步组配规律的影响，具体为"成双配对"原则及"偶启奇止"原则。

4.2.3.1 "成双配对"原则与移位

"成双配对"原则适用于诠释汉语双音节词、"四字格"以及某些六音节词的组配规律（陈洁，2011：34）。深受《诗经》"2+2"（两个音节为一个音步）基本节奏的影响，现代汉语中的众多四字格在音步组配规律上一般也按"2+2"划分为前后两个音步，"成双配对"，读起来朗朗上口，如：格物/致知、众志/成城、目瞪/口呆等。一些外国地名译为汉语四字格或六字格时音步的划分也遵循类似规律，例如：伊万/诺沃、鄂木/斯克、西伯/利亚、车里/雅宾/斯克等。此外，古人为避免古汉语中因过多同音单音节字而造成的歧义现象，自汉代以来逐步开始了双音节化的进程（陈洁，2011：34）。从修辞上讲，双音节词要比单音节词音节更为匀整，也易于组成四字格。于是，现代汉语中就形成了绝大多数词为双音节词、两个音节构成一个标准音步的基本规律。有时，汉语中有些词为满足音步上的"成双配对"规律而违背语义搭配原则，例如：硬木/锉刀（锉硬木的刀）；还会加上一个并没有实际意义的字，如：金银/珠宝，绸缎/布匹（"宝""匹"的意义虚化）。而本小节更关心的是"成双配对"原则对俄汉多项定语翻译时语序的制约作用。例如：

[27] Особая экономическая зона 经济特区

本例中的翻译采用了移位法。上述例句的原文符合语义靠近原则，即与"особый（特别的）"相比，"экономический（经济的）"在语义上与被修饰语"зона（区域）"关系更加紧密，因此位置上也更加靠近。如果译文语序在理想情况下，即同原文一样只受语义因素的制约，那么译文语序也应与原文保持一致，即特别的经济区域，但此时汉语中的"成双配对"原则压倒语义原则，成为主要制约因素，于是就产生了翻译中的移位。值得指出的是，上述例句是重要政治经济术语，对于这类结构的翻译，采用四字结构，既简洁明快，又易于被受众群体接受传播。

4.2.3.2 "偶启奇止"原则与移位

关于"偶启奇止"原则的论述详见第 3.2.3.2 小节。在了解清楚汉语五音节和七音节词音步的组配规律之后，可能又会产生新的疑问："偶启奇止"原则与俄汉多项定语翻译中的语序问题又有何关联？原因在于，"偶启奇止"也会对汉语中一些（不带"的"的）五音节、七音节定中短语中的多项定语排序造成影响，而且多数情况下，汉语多项定语的排序受语义的制约让位于受音步的制约，从而导致定语的移位。例如：俄汉小词典、文化大革命等。这类短语受音步的影响产生的定语移位就使原本俄汉定语一致的语序产生了差异，最后造成翻译中的移位。例如：

[28] **Краткий русско-китайский** словарь 俄汉小词典

[29] **Великая культурная** революция 文化大革命

上述二例俄语原文都遵循语义靠近原则，"русско-китайский"和"культурный"从词类上讲都属于关系形容词，在语义上同被修饰语"словарь"和"революция"更加接近，表示更加稳固的特征，因此位置上也比"краткий"和"великий"等表达更加主观意义的性质形容词更加靠近被修饰语。同样，从理论上讲，从语义角度考察二例的汉语译文排序也符合这一排序原则。这样，理想情况下，上述俄汉各例的语义语序应保持一致，但此处汉语译文语序受音步的制约强于受语义的制约，导致原文和译文产生语序差异。根据"偶启奇止"原则，*①小/俄汉/词典、*大/文化/革命都不符合汉语中的音步组配规律，故产生移位，"小""大"更容易和后面的"词典""革命"组合形成三音步。

4.2.4 结构因素与移位

4.2.4.1 俄汉结构繁简定语位置差异与移位

若俄语多项定语构成项中有带有补语、形动词短语或结构复杂的定语，为了发音上的省力，这类词通常后置于其他词类，靠近被

---

① 本书中的星号（*）均表示错误译法。

说明词。而相应地，俄语中这类词译为汉语时常常也为结构复杂（主谓短语、动词短语、介词短语充当）的定语，根据语义靠近原则，汉语中结构越是复杂的定语，其特征主观性就越强，越不稳固，就越需要前置，远离被说明词，例如：**治疗心脏病**的有效方法等。俄汉多项复杂定语因结构在排序上的差异会导致翻译时的移位。例如：

[30] Через каких-нибудь семь лет, **эта маленькая, лёгкая как воздух,** ручка подпишет жесточайшую сентенцию, по которой депутат большой комиссии Тимофей Иванович Падуров за участие в великом пугачевском мятеже будет предан смертной казни. (Шишкин, Емельян Пугачёв)

大约七年后，**这只轻若浮云的小手**，签署了一道残忍的敕令，把参加伟大的普加乔夫起义的大委员会代表季莫费·伊万诺维奇·帕杜洛夫处以死刑。（龚人放主编《俄汉文学翻译词典》，第79页）

[31] Сквозь **маленькое, затянутое льдом** оконце…пробивался лунный свет. （Закруткин）

月光透过**蒙上一层薄冰的小窗**洒进来。

例[31]原文中"лёгкая как воздух"结构更为复杂，语序靠后，"小手"是汉语中常见黏合式定中结构，已固化为双音节词，更符合汉语规范，是容易接受的组合，所以这样翻译。例[40]中被动形动词短语"затянутое льдом оконце"后置是句法上的要求。译为汉语时定语"蒙上一层薄冰"这一特征要比"小的"这一形状特征更易逝，"小窗"的译法同上例"小手"。

4.2.4.2　译文中带"的"与不带"的"定语共现时的移位

由上文表2可以看出，汉语定语按形式（有无"的"）可以分为组合式定语（主要为带"的"的定语）和黏合式定语（不带"的"的定语）。在多项前置定中短语中，组合式定语的排序通常前置于黏合式定语，例如：美丽的红花、调皮的小男孩等。袁毓林从句法、语义、语用和认知视角对此做出了科学解释。从句法上讲，黏合式偏正结构的功能相当于一个单个的名词，凡是单个名词出现的地方，它也能出现；从语义上讲，黏合式定语和中心语联系紧密，在意念上是一个整体，而组合式定语和中心语之间是一种临时组合，两部分在意念上保持较大的独立性；从语用上讲，黏合式定语和中心语之间的紧密联系使得黏合式偏正结构经常被用作一些特定事物的称谓方式，从而获得了语用上的称谓性，在功能上更像一个专有名词，例如，"日本朋友"（японский друг）和"日本的朋友"（друг Японии）表示的就是两个概念，我们常用"建筑面积"而不用*"建筑的面积"，是"科研项目"而不是*"科研的项目"；从认知上讲，黏合式定语在人脑中激活的是一种单一的意象，它不突显定语所表示的特征，而组合式定语激活的是一种复合性的意象，它突显定语所修饰的事物具有某种特征。（袁毓林，1999：186-187）

厘清汉语中的组合式定语与黏合式定语的排列顺序及其成因对俄汉多项定语翻译时语序的处理问题意义重大。与汉语中组合式定语对应的俄语中的定语多为：性质形容词、关系形容词、物主代词等；汉语中黏合式定语在俄语中对应的词类也多为：关系形容词、性质形容词和数词等。也就是说，只要当俄语原文多项定语中存在性质形容词和／或关系形容词时，都有可能在汉语译文中同时出现组合式定语和黏合式定语，但是，当俄语原文符合"语义靠近原则"时，组合式定语＞黏合式定语排序也不 定与语义靠近原则的制约效果一致，此时该原则会压倒"语义靠近原则"，造成翻译中的移位。例如：

[32] И бежал по полям **косой радужный дождь**.（Бун，Избранное）

于是**霓虹色的斜雨**又哗哗地打在田野上。（试对比：斜的霓虹色雨）

[33] Нужно было реконструировать все отрасли народного хозяйство на основе **новой современной техники**.（《俄汉翻译教程》，第38页）

必须在**现代化的新技术**的基础上改造国民经济一切部门。（试对比：新的现代化技术）

例[32]中，原文语序遵循的是"形状＞颜色"的语义排序原则，同时也满足"两个性质形容词并列，长音节词常后置"的原则，而汉语译文中"斜的"明显更容易与"雨"结合成紧密度更高的词，翻译时移位更好。例[33]中，俄语原文遵循性质形容词＞关系形容词的排序原则，译为汉语时"新的"更容易与"技术"结合为常见复合词"新技术"，故产生移位。在这二例中，虽然采用顺序法在语法上也没错，但移位后的定中短语在结构上更加平衡。

4.2.5　惯用排序因素与移位

俄汉定语中有一些惯用排序，既不符合既定的语法规范，也不是为了表达一定的语用意义，这样的排序只是在语言的长期使用过程中约定俗成的。如俄语中 Дело **наживное**（完全可以获得的东西、可以办得到的事情）、Царство **небесное**（天堂）的定语已经完全习语化。俄汉多项定语语序中会因个别词的习惯用法而产生差异。例如：

[34] **Московский государственный** университет
国立莫斯科大学

[35] **Всесоюзный государственный проектный** институт
全苏国家设计院

例[34]的译文常见的还有"莫斯科国立大学"，其实这种译法不大规范。例[34]中的"国立"前置，例[40]中的"国家"就需后置，二者意思相近，在俄语中所对应的是关系形容词，位置相同，但汉语译文中的位置却不同，原因何在？

要回答这一问题，首先需要搞清汉语中"国家"和"国立"的用法和区别，以及在多项定语中二者与不同名词连用时所处的位置差别。"государственый""национальный"等词在俄语中是关系形容词，位置比较容易确定，但其所对应的汉语中的"国家"和"国立"等词在习惯用法和排序上并不容易确定。"国家"和"国立"通常跟在具体国名后使用，如：中国国家博物馆（национальный музей Китая）、中华人民共和国国家统计局、俄罗斯国家大剧院、俄罗斯国家俄语语料库、新加坡国立大学等。区别在于"国立"可以单独

使用，但"国家"不可，例如：（1949 年以前时期）国立北洋大学、
国立东南大学、国立北平大学、国立清华大学等。所以上述例子中，
俄语原文都遵循语义靠近原则，但例[34]中的"国立"要移到市名
前，可以说"莫斯科市立大学"，也可以说"（俄罗斯）国立莫斯科
大学"，但是不能说"莫斯科国立大学"。例[34]中采用顺序法就十分
符合汉语表达习惯。

4.2.6　语用因素与移位

受语用因素的制约，俄汉多项定语在翻译中可能会产生移位。
静态中保持一致的俄汉平行结构成分语序受语用因素的制约在翻译
时可能会产生不一致，因为原文中依靠语序所传达的语用意义在译
文中无法靠语序来传达，从而产生移位。

4.2.6.1　诗歌中押韵的需要

诗歌以韵律美著称。"押韵"是指有规则地交替使用相同或相近
的音节，使声音有规则地回环往复，从而增强语言的节奏感和音乐
美（王希杰，2014：190）。押韵既能渲染气氛，增加感染力，又使
作品便于流传记忆。俄语诗歌中，语序是实现押韵的重要手段。若
俄语诗歌中出现多项定语，将形容词后置，以通过形容词词尾的整
齐性来实现整首诗的押韵，一方面可以更好地实现诗歌在韵律和节
奏上的循环往复之美，另一方面也可以突出强调后置形容词所表现
的特征。因此，调整定语语序、实现押韵是作者增强整首诗修辞色
彩和情感色彩的重要手段。但俄语中这种通过调整定语语序来实现
押韵的修辞手法在译为汉语时常常无法通过语序来保留。请看下面
的例子：

[36] Не вернуть мне **ту ночку** <u>прохладную</u>,

Не видать мне подруги <u>своей</u>,

Не слыхать мне **ту песню** <u>отрадную</u>,

Что в саду распевал <u>соловей</u>! （«Что прошло---не вернуть»,
С. А. Есенин）

我无法让那个凉夜再回来，

我无缘再目睹女友的风采，

我听不到**那支欢快的歌**了，

夜莺在花园曾唱出我的爱。（顾蕴璞，译）

[37] И часто я вечерней <u>порой</u>,

Хожу к местам заветного <u>свиданья</u>,

И вижу я в мечтах мне **милый образ твой**,

И слышу в тишине тоскливые <u>рыданья</u>. （«Ты плакала в вечерней тишине», С. А. Есенин）

我常常在薄雾冥冥的时分，

走到我俩曾幽会的地方，

凭遐想我看见你可爱的倩影，

寂静中我听见你在哭泣悲伤。（顾蕴璞，译）

[38] Шли годы. Бурь порыв <u>мятежной</u>

Рассеял прежние <u>мечты,</u>

И я забыл **твой голос нежный,**

Твои небесные <u>черты</u>. （«К Керн», А. С. Пушкин）

时光流逝，激情的风暴

吹散了往日的希望，

我忘记了你温柔的声音，

忘记了你天使般的倩影。（董道明，译）

例[36]中的四行诗形成交叉韵（перекресные рифмы），即隔行押韵的韵脚，第一行和第三行中的"ту ночку прохладную"（正常语序为：ту прохладную ночку）和"ту песню отрадную"（正常语序为：ту отрадную песню）通过将形容词后置实现词尾上的押韵，但译为汉语为正常语序："那个凉夜"和"那支欢快的歌"。汉语译文中译者通过词汇手段"来""彩""爱"来实现整首诗的押韵。这样，原文中将形容词后置来实现词尾押韵的修辞手段在译文中无法通过语序实现，最终产生移位。例[37]中"милый образ твой"及例[38]中"твой голос нежный"的翻译同理。

4.2.6.2 加强或削弱定语所表征特点的需要

在俄语一致定语内部，为了加强或削弱定语所表征的特点，说话人常将定语移位，形成倒装语序，但译为汉语时，原文中依靠语序所传达的加强功能或削弱功能常常无法靠调整译文语序来传达。例如：

[39] **Дорогие друзья** мои! Покадая этот дом навсегда, могу ли я умолчать, могу ли удержаться, чтобы не высказать на прощанье те чувства, которые наполняют теперь всё моё существо…（А. П. Чехов. Вишнёвый сад）

我亲爱的朋友们！ 当我离开这个家园时，我能否保持沉默，能否努力克制，不将此刻充斥在我身里的离愁诉说。

例[39]中，原文中说话人将物主代词"мои"后置，在削弱物主代词意义的同时，也将前置的"дорогие друзья"作为一个整体凸显，使其成为句子的语义重心。这种倒装从修辞上加强了加耶夫对家园故土及亲人的依依惜别之情，拉近了说者与听者之间的距离，也体现出听者在说者心中的重要位置。原文中的移位属俄语语序因传达语用功能而产生的移位，但译为汉语定中短语时，很难通过调整语序来表达同样的修辞效果，只能通过语序以外的手段，诸如逻辑重音、语调等来补偿。因此，原文和译文定语语序间产生了差异，翻译时需要移位。

但更经常的是，将俄语定语移位，是为了加强其表征特点，增强修辞上的表现力。例如：- **Отличную** вы выбрали квартиру. - промолвил я. - Это Ася её нашла. - Отвечал Гагин.（Тургенев，Ася）（"您选中了**绝妙的**住处，"我说道。"这是阿霞找的，"加金答道。）这一例句为主人公与加金兄妹初识时被邀请去其住处做客，主人公对加金兄妹住处的赞美。将定语"отличный"置于句首可增强句子的情感表现力。在俄语多项定语中，说者也常移动个别定语位置来加强其表征特点。例如：

[40] Я прыгнул в лодку и простился с **новыми** моими друзьями.（Тургенев，Ася）

我跳上了小船，**和我的新**朋友们告别。

但同上例类似，俄语原文中通过语序所传达的情感色彩无法在汉语中通过语序传达出来。

4.2.6.3 凸显新知信息的需要

俄语中，语序是进行实义切分的重要手段。通常我们习惯将已知信息（主题）前置，新知信息（述题）后置，而上句的述题又会成为下句的主题，这样环环相扣，层层递进，从而保证话语的连贯。如：Но в чём её **опасность**? Первое - **опасность политическая**.（然而，她面临着什么样的危险呢？首先是**政治危险**。）该例中，后句中的"опасность"显然已成为已知信息。语序作为传达新知信息的重要手段在实际应用中也有很好的体现。在一些法律条款、章节次序的表述中，通常都会将顺序数词后置，如 Статья **первая**（第一条）、Раздел **второй**（第二章）、Урок **пятый**（第五课）等，并不是因为俄语语法不允许按"первая статья"或"пятый урок"的顺序组词构句，而是因为"статья""урок"等中心词经过多次重复使用以后已经完全失去新意，不再成为新信息的载体，将其前置表示已知，定语后置用以凸显定语所负载的新信息。相应地，汉语中只存在"第一条""第五课"的固定用法。这也进一步说明，在语用意义的传达上，俄语定语语序要比汉语灵活，比汉语功能强大。请再看一例：

[41] Издание **второе，исправленное и дополненное**

第二次修订版

上例我们经常能在著作的封面上看到。原文中将多项定语后置以凸显出版物的特色，按汉语语言使用规范，译文定语需要前移。

综上所述，通过调整定语语序来实现韵律上的整齐美，突出修辞上的表意强弱，凸显新知信息，从而增强情感色彩，实现一定的交际目的，是俄语定语语序的重要语用功能。汉语语序也可发挥一定的语用功能，但不如俄语语序灵活。语用平面上，俄汉互译中之所以需要移位，主要有两个前提条件：第一，客观语境中，原文和译文多项定语语序是一致的；第二，由于原文受语用因素的制约，定语语序产生移位，但原文这种通过语序所传达的语用意义在译文中无法通过语序来传达。因此产生了相对语序差异。

4.3 余论

通过以上对比，不难发现俄汉多项定语各自的排序规律。俄语多项定语在语法上的排序明晰而稳固：限定代词＞指示代词＞物主代词＞性质形容词＞关系形容词＞中心词＞非一致定语。对于俄语多项定语而言，语法排序具有绝对的统治性，很少有其他因素能够打破这一排序规则。在性质形容词和关系形容词内部，定语排序多遵循语义靠近原则，并辅之以长音节词后置的规律，但这一语音规律并不稳定，也不绝对。较之，汉语多项定语语序就要复杂得多，很难为其找到一个"一统天下"的定律。汉语多项定语语法排序为：限制性定语＞描写性定语，组合式定语＞黏合式定语；语义排序为：表领属关系的名词或代词＞表示时间或处所词＞其他表示范围的由各类短语充当的定语＞表数量的词＞外形＞颜色＞材质＞功能；结构上的排序为：带"的"的定语＞不带"的"的定语；语音上的"成双配对""偶启奇止"原则常常打破常规的语义排序成为主要制约因素。总体上讲，在多项定语排列上，俄语重语法，汉语重语义，语法对语序的制约力要比语义对语序的制约力强，因此，就多项定语常规语序而言，俄语要比汉语稳固。语用平面上，俄语多项定语语序可前移、后移，甚至可置于句首或句末；汉语定语移位有一定的局限，因此，就多项定语语用语序而言，俄语又比汉语灵活。

然而，掌握俄汉各自排序规律只是进行对比与翻译的基础，明确俄汉定语语序在句法、语义、语音、结构、语用平面上的差异才是进行翻译转换的关键。句法上，俄汉多项定语语序的根本差异可归结为是否存在后置定语的差别。客观语境中，俄语中绝大多数非一致定语（诸如 род、тип 等词二格作定语时前置于中心语是正常现象），以及少数一致定语（诸如 что-то、кто-то 等不定代词的一致定语只能后置）要后置于中心语。汉语定语基本前置，上述俄语后置定语汉译时要前移。此外，俄汉物主代词（人称代词）的位置不同。俄语中物主代词与其他代词连用时置于限定代词和指示代词之后，汉语中人称代词通常位于多项定语最前。若俄语原文中包含物主代词和其他代词，译为汉语时需将人称代词移至最前。语义上，俄汉多项定语概念大小排序不同，表领属关系的词位置不同。结构上，俄语多项定语中带有补语或形动词短语或结构复杂的定语常置于最后，但译为汉语时同为结构复杂（主谓短语、动词短语、介词短语充当）的定语，常常需要前置，在这种情况下会产生移位；带"的"和不带"的"定语在汉语译文中的共现也会使俄汉定语语序产生差异。语音上，"成双配对"和"偶启奇止"原则等汉语多项定语特有制约因素常常会打破俄汉语序一致状态，成为主导因素，产生移位。语用上，原文中依靠语序所传达的语用意义在译文中无法用语序来传达时，也会产生移位，如：Родной город мой / 我的故乡等。此外，俄汉定语还有一些惯用排序，如俄语中"царство небесное / 天堂"定语后置已形成了约定俗成的用法。俄汉语多项定语语序的惯常用法也会导致移位，如：Московский Государственный Университет / 国立莫斯科大学等。以上各平面因素相互制约，相互竞争，共同扩大了俄汉多项定语语序间的差异，增加了翻译时语序处理的难度。

4.4　本章小结

本章主要从语法、语义、语音、结构、语用等平面论述了俄汉多项定语语序的差异及对翻译转换的影响。对博大精深思想感情的表达，对纷繁复杂事物细微差别的描述，大都依赖定语的运用（杨开三，1989：38）。定语不仅能使句子饱满，含义明晰，还是作者表达思想的重要手段。翻译时对定语语序的处理，不仅关涉到对原文内容的准确传达，更关系到对原文修辞色彩和情感的传递。总结俄汉多项定语语序间的差异，探寻翻译时的语序调整的内在规律，这需要译者扎实的俄汉语语言功底，需要在语言对比的基础上熟练掌握两种语言的异同。翻译实践应是在认识和遵循语言现象规律性基础之上的创造性活动。只有"知己知彼",才能"笔下生花"。只有对比并遵循原文和译文各自使用规范及其间的差异,译文才能既达意,又传神。

5. 俄汉同位结构成分语序对比与翻译研究

　　同位结构是俄汉语中十分常见且重要的一种结构形式。对俄汉同位结构语序对比及翻译问题的研究建立在对俄汉同位结构及其本质的深刻理解基础之上。俄语界和汉语界对同位语的界定有所不同。俄语界学者张会森认为，俄语中的同位语是一种用名词表示的特殊定语，但在格、数上与被说明词（本位语）一致（张会森，2000：548）。汉语界学者刘街生认为，同位结构介于并列结构和定中结构之间，同位语和本位语之间存在形式上的并立性和语义上的修饰性及说明性（刘街生，2004：前言）。通过对比可以发现，俄语界将同位语归为定语的一种特殊类型，同位语和本位语之间是修饰与被修饰的关系；汉语中同位语和本位语之间的关系是同位复指关系。

　　俄汉同位结构的差异很大程度上体现在语序上，即同位语和本位语在同位结构中的相对位置上。因此，俄汉同位结构之间的语际转换障碍主要体现在翻译时对语序的处理问题上。准确地识别原文同位结构中的同位语和本位语、掌握俄汉同位结构中同位语和本位语的排序异同及排序制约因素对俄汉互译具有积极的指导意义。关于俄汉同位语的论述多见于各类语法书中，但学界对翻译中的语序问题关注甚少。英语界吴爽（2002）做过相关研究，俄语界相关研究不多，刘丽芬（2014）从语言类型学视角阐释俄汉标题中同位结构语序异同，但未涉及翻译研究。下文笔者将从结构维度出发，从语义、语用视角全面探讨俄汉各类同位结构语序对比与翻译研究问题。

5.1　由光杆普通名词组构的俄语同位结构的汉译

5.1.1　语法因素与翻译

由两个光杆普通名词组构同位结构在俄语中比在汉语中更为常见，语义也更为多样。俄语这类同位结构的内部排序跟同位语的所指及同位语和本位语间的语义关系密切相关。同位语的语义直接决定了同位语和本位语间的关系，同位语和本位语间的关系又决定了其相对位置。

5.1.1.1　修饰关系与翻译

同位语和本位语间为修饰与被修饰的关系是俄语同位结构中最常见的类型。通常排序为：被修饰的本位语前置，同位语后置。译为汉语时同位语常转换为表示相应特征的定语，前置于被说明词，翻译时产生移位。例如：

[1] Студент-**отличник**① 成绩优秀的大学生

[2] Народ-**создатель** 富有创造力的人民

[3] Художник-**авантюрист** 具有冒险精神的艺术家

[4] Город-**герой** 英雄城市

[5] Через четыре года здесь будет город-**сад**.（Маяковский）四年以后这里将出现一座花园城市。

[6] Гостиница-**люкс** 豪华宾馆

[7] Моряк-**храбрец** 英勇的水手

[8] Завод-**гигант** 大型工厂

[9] Зорька-**красавица** 美丽的霞光

[10] Ночевала тучка золотая на груди утёса-**великана**…（Лермонтов）金色的云儿夜宿在巨岩的怀抱……

---

① 本节中的加粗字体均表示同位语。

[11] Имели они какую-нибудь ценность или были досужим утешением самоучки-**неудачника**?

它们究竟有没有什么价值，或者只是一个没有成就的自学者的消遣解嘲之作？

5.1.1.2 加确关系与翻译

俄语中表示职业、身份、职务、民族、国籍、用途、活动领域等意义的同位语通常位于本位语之后，并且同位语和本位语之间通常需用连字符。译为汉语时，需要调换语序，将起限定、确切作用的同位语前置。多数情况下，此类同位结构译为汉语时不再是同位结构，而是定中结构，有些已经凝固成词。语序上，原文中的同位语译为定语，按汉语规范在定中短语中需前置。因此，俄语中表示加确意义的同位语在汉译时需要前移。例如：

[12] Студенты-**китайцы** 中国大学生（国籍）

[13] Брат-**врач** 当医生的哥哥（职业）

[14] Учёный-**физик** 物理学家（活动领域）

[15] Учёный-**языковед** 语言学家（活动领域）

[16] Учёный-**правовед** 法学家（活动领域）

[17] Солдат-**танкист** 坦克兵（活动领域）

[18] Переводчик-**международник** 外事翻译（活动领域）

[19] Врач-**диетолог** 营养医师（活动领域）

[20] Врач-**хирург** 外科医生（活动领域）

[21] Книга-**справочник** 参考书（用途）

[22] Вагон-**ресторан** 餐车（用途）

[23] Дом-**музей** 故居（用途）

[24] Город-**крепость** 要塞城市（用途）

[25] Врач-**практикант** 实习医生（身份）

[26] Страна-**участница** 成员国 （身份）

[27] Государство-**наблюдатель** 观察国 （身份）

[28] Город-**спутник** 卫星城（功能）

[29] Ракета-**носитель** 运载火箭（功能）

[30] Писатель-**реалист** 现实主义作家（特征）

值得注意的是，俄语中表示性别、年龄的同位语通常位于被说明词之前，此时俄汉语序一致，翻译时译文语序同原文语序保持一致，但原文中同位语要相应地转换为译文中的定语。例如：

[31] **Старуха**-мать 年迈的母亲

[32] **Женщина**-машинист 女司机

[33] **Девушка**-лётчик 女飞行员

[34] **Юноша**-поэт 青年诗人

5.1.1.3 种属关系与翻译

当俄语同位结构的两个组构成分之间是种属关系时，同位语表示小概念，同位语和本位语之间无须加连字符，同位结构的排序为大概念（属）在前，小概念（种）在后，译为汉语语序相反。例如：

[35] Цветок **лилия** 百合花

[36] Месяц **марта** 三月

[37] Обезьяна **макака** 猿猴

[38] Гриб **подосиновик** 牛肝菌

[39] Дерево **эвкалипт** 桉树

5.1.1.4 共同表示称谓整体与翻译

当同位结构两个名词中一个是强式称谓名词（如女士、先生、同志等），另一个是非强式称谓名词时，二者表示一个称谓整体，中间无须加连字符。此时，非强式称谓名词作同位语后置，译为汉语要前置。例如：

[40] Товарищ **председатель** 主席同志（身份）

[41] Господин **журналист** 记者先生（身份）

[42] Товарищ **капитан** 上尉同志（身份）

通过以上对比与翻译可以看出，由"普通名词+普通名词"组构的同位结构在俄语中是极为普遍的现象，也最能代表作为定语的俄语同位组构类型。同位语与本位语间的关系可以是修饰关系、限定关系、加确关系、种属关系、共同表示一个称谓整体等等，在语序上同位语基本位于本位语后，但同位语表示性别、年龄意义时例外

（同位语位于本位语前）。译为汉语时，这类同位组构类型基本都转化为定中结构，根据汉语语法规范，此类定语要前置于中心语。只有当俄语中同位语和本位语共同表示一个称谓整体时，汉语译文才也是同位结构。由此也可以看出，此类俄语同位结构可以比汉语表达更丰富的语义关系。从总体上讲，受句法因素的制约，由"普通名词+普通名词"组构的俄语同位结构在汉译时基本都需要移位，这是由同位语作为俄语中一种特殊的定语后置与汉语定中短语中定语前置的根本差异所决定的。

5.1.2 语用因素与翻译

一般情况下，在由"普通名词+普通名词"组构的俄语同位结构中，同位语按其语义比较容易辨别，加之同位语和本位语的相对排序比较明晰，翻译转换不会存在很大困难。而且语法因素对上述同位结构语序具有极强的制约作用，即很难受到其他因素影响而改变，也是造成该类同位结构汉译时语序差异的主导因素。但在极个别情况下，语用因素在该类同位结构的汉译中也起着至关重要的作用。例如，当俄语同位结构由两个都可能充当同位语的词组构时，若脱离上下文，缺乏具体的语境，就无法辨别哪个是同位语。此时，语用因素在翻译中的作用就凸显了。翻译时，首先需要根据上下文来判定两个词之间的关系，然后进行翻译。通常在前文中出现的叙述对象为本位语，译为汉语时为中心语，需后置。试比较以下两个译例：

[43] Во дворе сидит несколько **стариков**: **старик-сторож** молча курит，а остальные разговаривают.

院子里坐着几个老头儿，**看门的老头儿**默默地抽着烟，其余的则在谈话。

[44] Во дворе сидит несколько **сторожей**: **старик**-сторож молча курит，а остальные разговаривают.

院子里坐着几个看门人，**年老的看门人**在默默地抽着烟，其余的则在谈话。（张会森，2000：551）

在例[43]和例[44]中，原文中"старик-сторож"既可指"看门的

老头儿",也可以指"年老的看门人",此时需要根据上下文来判定
哪个是同位语。例[43]中前文讲述的是"老头儿",所以在"старик-
сторож"这一同位结构中,"старик"应为本位语,"старик-сторож"
应译为"看门的老头儿";例[44]中前文讲述的是"看门人",所以在
该同位结构中,本位语应为"сторож",故"старик-сторож"应译为
"年老的看门人"。

5.2　由光杆普通名词和专有名词组构的俄语同位结构的汉译

普通名词在前、专有名词在后的俄语同位结构内部排序反映了
人类先整体后部分、"前泛后专"、"领先于属"的认知心理机制(刘
丽芬,2014:51)。这里的专有名词既可以为动物名称(主要为人名),
又可以为非动物名称(事物、地理、机构团体名称),这两种情况下
翻译时的语序处理不同,不能一概而论。

5.2.1　专有名词表物名时的情形

5.2.1.1　不加连字符的情形

当同位结构中的专有名词表示国家、城市、乡村、江河湖海等
地理名称,或表示机构、团体、报刊、企业、车站、码头、产品等
事物名称时,专有名词是同位语,普通名词是本位语。俄语同位结
构的语序是:本位语+同位语,且普通名词和专有名词间不用连字
符。译为汉语时,专有名词也作同位语,但语序相反,为:同位语+
本位语。可以说,当专有名词表非动物名称时,语法因素是造成"普
通名词+专有名词"式俄语同位语汉译时移位的全部因素。例如:

[45] Город **Шанхай** 上海市

[46] Гостиница «**Пекин**» 北京饭店

[47] Село **Колотовка** 卡洛托夫卡村

[48] Озеро **Байкал** 贝加尔湖

[49] Река **Москва** 莫斯科河

[50] Агентство **Синьхуа** 新华社

[51] Газета «**Правда**» 《真理报》

[52] **Фабрика «Красный Октябрь»** "红色十月"工厂

[53] **Аэропорт Шереметьево** 谢列梅捷沃机场

[54] Станция **Лубянка** 卢比扬卡地铁站

[55] Вокзал **Иваново** 伊万诺沃火车站

[56] Издательство «**Русский язык**» "俄语"出版社

[57] Фестиваль «**Русская зима**» "俄罗斯之冬"艺术节

[58] Кинотеатр **Чюйян** 曲阳影都

5.2.1.2　加连字符的情形

当俄语同位结构由专有名词（物名）／同位语在前，普通光杆名词／本位语在后组构时，其间必须使用连字符。此时汉语译文语序同原文语序一致，为：同位语+本位语。翻译时无须调整语序。例如：

[59] **Москва**-река 莫斯科河

[60] **Китай**-город 中国城

[61] **Панама**-канал 巴拿马运河

可以将上述几例同第 4.2.1.1.2 小节做比较。俄语中由"专有名词（物名）+普通名词"组构的同位结构成分语序因为其间有连字符颠倒过来。汉语译文语序保持不变。

5.2.2　专有名词表人名时的情形

5.2.2.1　不加连字符的情形

当专有名词表人名时，"普通名词+专有名词"式俄语同位结构汉译时的语序问题比较复杂。俄语界普遍认为，当专有名词表人名时，普通名词就是同位语，专有名词是本位语（王超尘等编，1983：298；张会森，2000：550）。这不难理解，因为通常与人名连用的都是表示人的职业、身份的词，这些普通名词通常对具体某个人起的是修饰作用，就充当同位语。此时，俄语语序比较固定，通常为：同位语（普通名词）+本位语（专有名词）。但译为汉语时语序要视原文中普通名词的所指而定。

汉语译文中的普通名词可以表示职业（作家、演员等）、职位和职衔（经理、工程师、教授等）、亲属关系（舅舅、哥哥等）、泛化称谓词[①]（叔叔、阿姨、大姐、师傅）以及一些强称谓词[②]（先生、女士、阁下等）等。上述不同类型的普通名词与人名连用，可表示不同的功能和意义，有些只能有一种语序，有些可有两种语序，但译文语序要依上下文而定。

当俄语原文中的普通名词**表示职业**时，汉语译文通常将普通名词前置，传达的是一种信息功能，而且大部分表职业的词无法后置行使称谓功能，因为一般后置于专有名词的表称谓的词都带有尊敬的、客气的意味，用以和专有名词共同行使称谓功能。例如：

[62] **Артистка** Ян Цзычун 演员杨紫琼 （*杨紫琼演员）

[63] **Поэт** Пушкин 诗人普希金（*普希金诗人）

[64] **Рабочий** Андрей 工人安德烈（*安德烈工人）

[65] **Парикмахер** Андрей 理发师安德烈（*安德烈理发师）

但也不排除例外。当俄语普通名词表示的是享有威望、令人尊敬的职业时，在汉语译文中可后置表示称呼。此时就有两种译法。例如：

[66] **Доктор** Иван Иванович 医生伊万·伊万诺维奇/伊万·伊万诺维奇医生

[67] **Режиссёр** Ли Ань 导演李安/李安导演

[68] **Преподаватель** Виктор 老师维克多/维克多老师

当俄语原文中的普通名词**表示职称、职衔**时，汉语译文两种语序都比较常见，因为职称、职衔既能传达一种信息，又能彰显一种

---

①"泛化称谓词"也可指称谓词的泛化，指用亲属称谓语称呼非亲属成员，意在拉近与听话人之间的距离，主要用在口语中。

②"强称谓词"指一些几乎不用来传达信息，只是专门用来表达尊重、客气，行使称呼功能的普通名词。

身份和地位。例如：

    [69] **Инженер** Романов　工程师罗曼诺夫/罗曼诺夫工程师

    [70] **Ректор** Ху Мэнхао　胡孟浩校长/校长胡孟浩

    试对比：Ректор Ван　王校长[①]（*校长王）

当俄语原文中的普通名词表示亲属关系时（爸爸、妈妈除外），译为汉语时大多后置，与专有名词共同表示称呼，但也可前置于专有名词。例如：

    [71] **Дядя** Ваня　舅舅万尼亚/万尼亚舅舅

    [72] **Брат** Антон　哥哥安东/安东哥哥

    [73] **Тётя** Маша　阿姨玛莎/玛莎阿姨

当俄语原文中的普通名词是**泛化称谓词或强称谓词**时，这类词通常不具备传达新信息的功能，只是用来表示称呼。普通名词和专有名词共同表示一个称谓整体，此时汉语译文有且只能有一种语序。例如：

    [74] **Тётя** Наташа　娜塔莎阿姨（*阿姨娜塔莎）

    [75] **Товарищ** Ленин　列宁同志（*同志列宁）

    [76] **Господин** Иванов　伊万诺夫先生（*先生伊万诺夫）

通过以上分析可以看出，当俄语原文由光杆普通名词和专有名词组构，专有名词是人名时，原文语序十分固定，普通名词在前，专有名词在后，普通名词充当同位语，或传达新信息，或表示称呼，或二者兼有。当普通名词用以传达新信息时，汉语译文中将普通名词前置，译文与原文语序一致，此时采用顺序法；当普通名词用以行使称呼功能时，在汉语译文中普通名词需后置，译文与原文语序相反，此时采用移位法；当原文中普通名词兼具上述两种功能时，缺乏具体的语境和上下文时，顺序法和移位法都可。总之，当俄语普通名词与人名组构时的汉语译文语序同普通名词在原文中所要行

---

    ① 汉语中诸如"校长王红"这类"通名+专名"同位结构完全是一种自由的句法组合，两个部分都有较强的单用能力，且之间可以停顿（刘丹青，1985：81），因此，"通名+（汉语中的）姓"这一组构是不成立的。此外，在句法功能上，"（汉语中的）姓+通名"这一组构整体上更像一个词，且中间不能停顿。

使的功能有关。

5.2.2.2　加连字符的情形

当俄语同位结构由专有名词（人名）／同位语在前，普通光杆名词／本位语在后组构时，其间必须使用连字符，此时专有名词为本位语，普通名词为同位语，汉语语序为"同位语+本位语"，俄汉语序相反，翻译时需要调整语序，例如：

[77] Арутюнова-**языковед** 语言学家阿鲁玖诺娃

[78] Крылов-**баснописец** 寓言作家克雷洛夫

5.3　名词性词组或名名组合在前、专有名词在后的俄语同位结构的汉译

俄语"名词性词组+专有名词"同位结构是指由带有扩展语的名词性词组在前、专有名词在后组合而成的上位居前式同位结构。俄汉语同位语和本位语间通常不用连接手段。此类结构俄语语序为：同位语+本位语。汉语语序与俄语语序相同，翻译时无须调整语序。例如：

[79] **Солнце русской поэзии** Пушкин

俄罗斯诗歌的太阳普希金

[80] **Профессор физического факультета** Е Чисунь

物理系教授叶企孙

[81]　**Республиканский кандидат в президенты США** Дональд Трамп

美国共和党总统候选人唐纳德·特朗普

[82] **Самый красивый город России** Питер

俄罗斯最美的城市彼得堡

当俄语同位结构是由两个普通名词在前、专有名词在后组构而成的上位居前式同位结构时，普通名词作同位语，起确切限定作用，

专有名词作本位语。翻译时同理。例如：

[83] **Писатель и переводчик** И. С. Захаров （Русская речь，2004）

*作家与翻译家*伊·谢·扎哈罗夫

[84] **Преподавательница-красавица** Анна Алексеевна

*美女教师*安娜·阿列克谢耶夫娜

5.4　余论

综上所述，俄语同位结构汉译时的语序处理问题与原文同位结构的组构成分、同位语的识别及其位置息息相关。

第一，当俄语同位结构由"光杆普通名词"构成时，从语法上讲，无论同位语与本位语之间是修饰关系、加确关系、种属关系，还是共同表示一个称谓整体时，俄语原文中同位语基本都后置于本位语，译为汉语时大多要转换为定语，翻译时需要采用移位法。个别情况下，当同位语和本位语无法依靠其位置判定时，上下文就起到了至关重要的作用，一般前文中所出现的叙述对象为本位语，译为中心语。从本质上讲，受语法因素的制约，由光杆普通名词组构的俄语同位结构在汉译时基本都需要移位，这是由同位语作为俄语中一种特殊的定语可后置与汉语定中短语中定语前置的根本差异所决定的。

第二，由"光杆普通名词和专有名词"组构的俄语同位结构的汉译情况比较复杂，原文和译文的语序都取决于专有名词是物名还是人名，以及成分的组构是否依靠连字符。当专有名词为物名时，俄语原文排序为普通名词（同位语）在前，专有名词（本位语）在后，且同位语和本位语间无须加连字符，译为汉语时需要颠倒语序，采用移位法。在一些情况下，当同位语和本位语用连字符连接时，俄语原文要颠倒语序，专有名词在前，普通名词在后，汉语语序保持不变，采用顺序法。

　　当专有名词为人名时，情况要复杂得多。汉语的语序排列要比俄语复杂，俄语同位结构的语序较为固定，不带连字符时，通常普通名词在前，人名在后，但汉语译文的语序要视普通名词在同位结构和具体上下文中的功能而定。若俄语同位结构中普通名词只具有称谓功能，俄汉语序相反，翻译时需移位；若俄语原文中的普通名词具有传达新信息的功能，俄汉语序相同，翻译时采用顺序法；若俄语原文中的普通名词可能具备上述两种情况，就需要根据具体上下文来判定翻译时的语序。当普通名词和人名间有连字符时，俄语原文语序要颠倒过来，人名在前，普通名词在后，译文语序的处理方法同上述不带连字符情况相反。

　　第三，当俄语同位结构由"名词性词组或名名组合在前、专有名词（人名或物名）在后"组构时，俄汉语序相同，翻译时无须移位。

　　一言以蔽之，俄语同位结构的汉译问题归根结底还是翻译时语序的处理问题。

5.5　本章小结

　　本章是本研究的第三大论证板块。

　　俄汉同位结构成分语序对比与翻译这一问题虽不如多项定语翻译时语序的处理问题复杂，但也是在实践中容易混淆的盲点，也同样值得关注和梳理。在俄语同位结构汉译时语序的处理问题中，同位结构的组构成分、对同位语的识别以及同位语和本位语的排序最为重要。俄语同位结构汉译时基本需要移位的情况有：俄语同位结构由光杆普通名词组构，且同位语和本位语间用连字符连接时；俄语同位结构由光杆普通名词和物名组构，且同位语和本位语间无连字符时；俄语同位结构由普通名词和人名组构，且同位语和本位语间无连字符，同位结构行使称呼功能时。

6. 结束语

6.1　本研究结论

本书以对比为基本研究方法，立足于俄汉语各自的语言特点及语序特点，从语法、语义、语用等多维视角探讨了俄汉平行结构中的俄汉并列结构成分语序对比与翻译研究、俄汉多项定语语序对比与翻译研究及俄汉同位结构成分语序对比与翻译研究问题，主要得出以下结论：

（1）关于俄汉平行结构翻译时顺序法和移位法选用的具体情形

关于俄汉并列结构成分语序对比与翻译研究问题，本研究得出的结论是：俄汉并列结构翻译中的移位主要受语义因素中心理上的重轻律、时序上的先后律、范围上的大小律、事理上的因果律、时空原则、自我中心原则、文化规约性原则、汉语语音因素中的"四声非降"原则、语用因素中的礼貌原则和交际目的等因素的制约。俄语并列结构成分语序主要受逻辑律和形态律的制约，汉语并列结构成分语序主要受逻辑律和音韵律的制约，语用因素在此基础上发挥调节作用。翻译时译文语序的选择不仅要考虑原文语序的制约因素，同一语序制约因素对原文和译文并列结构成分语序的制约差异，还要考虑原文和译文可能受不同制约因素的制约而产生不同的制约效果。俄罗斯学者西加尔（К. Я. Сигал）指出，语义和语音因素通常用来解释"静态"中并列结构各项排序的非偶然性，这种非偶然性也显示出并列结构各项线性排序的无意识性（К. Я. Сигал，2005：

12）。因此，受语义和语音因素制约的俄汉并列结构各项排序具有稳定性和可复现性（повторяемость），也更能体现俄汉语言特质和文化差异；受语用因素制约的"动态"中的俄汉并列结构各项排序是说话人为了表达一定的交际目的而对语序做出的有意识调整，具有偶然性和临时性。通过从语义、语音和语用视角来对比俄汉并列结构成分语序的异同，可以更深刻、更全面地认识制约俄汉宏观语序和微观语序差异的表层原因和深层原因，从而妥善处理翻译中的语序问题。

关于俄汉多项定语语序对比与翻译研究问题本研究得出的结论是：明确俄汉定语语序在句法、语义、语音、结构、语用平面上的差异是进行翻译转换的关键。句法上，俄汉多项定语语序的根本差异可归结为是否存在后置定语的差别。客观语境中，俄语中绝大多数非一致定语（诸如 род、тип 等词二格作定语时前置于中心语是正常现象），以及少数一致定语（诸如 что-то、кто-то 等不定代词的一致定语只能后置）要后置于中心语。汉语定语基本前置，上述俄语后置定语汉译时要前移。此外，俄汉物主代词（人称代词）的位置不同。俄语中物主代词与其他代词连用时置于限定代词和指示代词之后，汉语中人称代词通常位于多项定语最前。若俄语原文中包含物主代词和其他代词，译为汉语时需将人称代词移至最前。语义上，俄汉多项定语概念大小排序不同，表领属关系的词位置不同。结构上，俄语多项定语中带有补语或形动词短语或结构复杂的定语常置于最后，但译为汉语时同为结构复杂（主谓短语、动词短语、介词短语充当）的定语，常常需要前置，在这种情况下会产生移位；带"的"和不带"的"定语在汉语译文中的共现也会使俄汉定语语序产生差异。语音上，"成双配对"和"偶启奇止"原则等汉语多项定语特有制约因素常常会打破俄汉语序一致状态，成为主导因素，产生移位。语用上，原文中依靠语序所传达的语用意义在译文中无法用语序来传达时，也会产生移位，如 Родной город мой / 我的故乡等。此外，俄汉定语还有一些惯用排序，如俄语中"царство небесное / 天堂"定语后置已形成了约定俗成的用法。俄汉语多项定语语序的惯常用法也会导致移位，如：Московский Государственный Университет／国立莫斯科大学等。以上各平面因素相互制约，相互竞争，共同扩大了俄汉多项定语语序间的差异，增加了翻译时语序处理的难度。

关于俄汉同位结构成分语序对比与翻译研究问题，本研究得出的结论是：在俄语同位结构汉译时语序的处理问题中，同位结构的组构成分、对同位语的识别以及同位语和本位语的相对位置最为重要。俄语同位结构汉译时基本需要移位的情况有：俄语同位结构由光杆普通名词组构，且同位语和本位语间用连字符连接时；俄语同位结构由光杆普通名词和物名组构，且同位语和本位语间无连字符时；俄语同位结构由普通名词和人名组构，且同位语和本位语间无连字符，同位结构行使称呼功能时。但上述移位情况只能反映基本语序调整倾向，翻译时仍需根据上下文和语境灵活处理语序。

总体研究表明，顺序法和移位法的选择并不完全与俄汉平行结构成分语序的共性与个性简单对应。制约俄汉平行结构成分语序差异的表层原因主要是句法、语义、语音、语用等平面的细则；制约俄汉平行结构成分语序差异的本质原因是俄汉语在语言体系以及组词构句上的根本差异；制约俄汉平行结构成分语序差异的深层原因是思维与文化。通过对比俄汉平行结构成分语序的异同，可以更深刻地认识制约俄汉宏观语序和微观语序差异的表层原因和深层原因，从而妥善地处理翻译中的语序问题。

（2）关于翻译时顺序法和移位法选用的抽象条件

以上笔者总结梳理了俄汉平行结构翻译时顺序法和移位法选用的具体情形，这些基础研究可以更好地为在翻译俄汉平行结构时的语序处理问题提供指导。但这些研究是否对俄汉互译时的其他语序处理问题有所启发？这其中是否蕴含着普遍规律？理论意义何在？这也是本研究尝试寻求的理论上的突破点。通过以上对比与翻译研究，可以发现，俄汉语平行结构互译时语序问题的处理关键在于两点：首先，原文和译文要在内容上达到等值；其次，译文语序要符合译语语言表达规范。移位法和顺序法的选择就是为了解决原文语序所表达的意义同译文语序所选用的表达形式之间的矛盾。

　　顺序法选择的条件是：原文和译文在内容和形式上能够和谐统一。当译文的语序与原文语序保持一致时，并不影响原文内容的传达，且译文语序符合译语语言表达规范。移位法选择的条件是：原文和译文在内容和形式上发生矛盾冲突。在这种情况下，译文若照搬原文语序，要么不能表达原文语序所传达的意义，要么译文语序不符合译语语言表达规范。此时，译文语序就要摆脱原文语序的束缚，翻译时需要采用移位法。

　　以上关于顺序法和移位法选择的理论总结可为翻译时的语序处理问题提供一定的理论参考。

（3）关于对比语言学与翻译学之间的关系以及对俄汉语言差异及语序差异的思考

　　翻译学和对比语言学之间有着密切的联系。从本质上讲，翻译活动就是译者理解原文并将原文译作功能对等的目的语的过程，即用译语对原文的再现过程。这一过程不可避免地隐含一个对比的过程。翻译时，需要将译文和原文进行对比，并用译语忠实、准确、全面地再现原文。因此，将原语和译语这两种语言进行对比来作为研究翻译的切入点能为翻译活动提供切实的、可操作的研究方法。此外，学界一些学者还将翻译作为对比的一种研究方法来考察两种语言之间的差异及共性。翻译学和对比语言学都涉及两种（或以上）语言的对比，都涉及不同语言间的共性及个性，但两门学科间的根本差异在于研究任务和研究目的不同。

　　本书以对比为基本研究方法，立足于俄汉语各自的语言特性，来探讨俄汉平行结构翻译时语序处理问题中的盲点和易错点。一方面，通过对比我们可以更好地研究俄汉平行结构翻译时的语序问题；另一方面，对俄汉平行结构成分语序对比与翻译问题的研究成果也进一步加深了我们对俄汉语语言本质及平行结构组词构句差异的认识。在俄汉并列结构的组构中，汉语更注重意合，汉语中的并列结构更多地靠各组构成分间的逻辑语义联系来串联，这从汉语中固有的大量联合式双音节词和多音节词就可看出，而且其语序已经完全固化。汉语中绝大多数联合式双音节词、多音节词译为俄语时，基本都要加连字符或连接词"и"来保证成分之间的意义连贯，因此，在并列结构的组构上，汉语意合重于俄语，俄语形合重于汉语。在平行结构中非并列结构的组构中，俄语多项定语语序排序主要受语法因素的影响（限定代词＞指示代词＞物主代词＞性质形容词＞关系形容词＞中心语＞非一致定语)，性质形容词和关系形容词的内部排序主要受语义因素与语音因素的制约。汉语多项定语语法排序为：限制性定语＞描写性定语，组合式定语＞黏合式定语；语义排序为：表领属关系的名词或代词＞表示时间或处所词＞其他表示范围的由各类短语充当的定语＞表数量的词＞外形＞颜色＞材质＞功能；结构上的排序为：带"的"的定语＞不带"的"的定语；语音上的"成双配对""偶启奇止"原则常常打破常规的语义排序成为主要制约因素。总体上讲，在多项定语排列上，俄语重语法，汉语重语义，语法对语序的制约力要比语义对语序的制约力强，因此，就多项定语常规语序而言，俄语要比汉语稳固。语用平面上，俄语多项定语语序可前移、后移，甚至可置于句首或句末；汉语定语移位有一定的局限。因此，就多项定语语用语序而言，俄语又比汉语灵活。造成俄汉同位结构成分语序差异的根本原因是语法因素。

（4）关于语法语序、语义语序、语用语序、语音语序及认知对语序的制约

本研究不仅将语序分为语法语序、语义语序、语用语序和语音语序，而且尝试对这些重要概念进行自己的理解和界定。"语法语序"是指由语法，特别是句法所规定的由各语言单位之间的线性序列，具有强制性和规定性；"语义语序"是指受一定社会群体文化、思维、心理、认知等因素制约的各语言单位之间的先后排序，具有静态性、规约性和可复现性；"语用语序"是指个体（说话人或作者）为了表达一定的交际目的或修辞色彩而在静态语序基础上做出的有意调整，具有临时性、动态性和不可复现性，语用语序在语法语序、语义语序和语音语序的基础上灵活发挥调节作用；"语音语序"是指受语言发音所决定的语言单位排列次序。语法语序、语义语序、语用语序、语音语序相互独立、相互区别又相互影响、相互竞争，共同作用于俄汉语序的构成面貌。俄汉语序因其各自的语言特性而在语法、语义、语用、语音层面上呈现出差异，从而影响翻译中的语序调整。总体上来讲，语法、语义对汉语语序的制约强度要高于俄语，而语用对俄语语序的制约要强于汉语。对制约俄汉语序的各层面上的因素进行识别和分类是有效处理俄汉翻译语序问题的第一步。同时，因为语言是认知的产物，也可以看到不少学者从认知视角对语序进行研究，这体现在语言的各个层面。上述的语法、语义、语用、语音语序的诸多排序规律都可以在认知语言学中得到阐释和印证，认知理论包罗万象，几乎可以覆盖以上类型的大部分语序规律。关于汉英语序的认知阐释已经取得了诸多成果，但是关于俄语语序的认知研究成果目前较少，有待进一步挖掘。

（5）关于语法语序、语义语序、语用语序、语音语序与俄汉翻译教学及基础俄语中的语序教学

许多教师在从事基础俄语教学或者俄汉翻译教学的过程中发现，对于中国学生而言，俄语语序或俄汉翻译过程中的语序处理不仅是学习的重点，同时也是难点。语法是中国学生学习俄语、了解语序的开端，中国学生学习俄语的组词构句规律也是从语法开始。但是俄语语法语序偏偏十分灵活，甚至给人以俄语语序毫无规律可循也无须遵循任何规律的错觉。语法常常成为判定语言使用正误的唯一标准。一般也习惯认为语法上无误的就是可行的、适切的。在对俄汉语序进行分类、了解俄汉语各自的语言特点和语序特点后，就会发现，这种观点是狭隘甚至是错误的。在语言的具体使用过程中，绝大部分情况下都有且只有一种语序，只能采用一种排序方式。因此，这就要求教师首先对俄汉语序具有清晰的认知和相关素养，在教学的过程中循序渐进，采取分类的科学方式逐步向学生传授语序学习的知识与方法，并及时纠正学生关于语序的错误认知。

笔者近几年从事了大量俄汉翻译实践，并且批阅过许多学生的翻译作品，对于语序问题深有感触。一方面，学生所翻译的译作单位越大，篇幅越长，越容易出现语序问题，因为翻译一个词、一句话、一篇文章甚至一本书的难度是不同的，而且难度是在逐渐增加，对语序处理的难度也在不断加大。其中，学生对语篇级别的语序把控最不理想，这最终会导致译文的叙述逻辑和可读性都出现问题。另一方面，学生在俄汉翻译转换的过程中缺乏语序调整意识，常常处于被动的状态，经常是原文是什么样的顺序，译文就一字不动地机械转换过来，很容易被原文的语序"带偏"，丧失译文语序处理的自主性。教师的语序素养直接影响了学生的语序素养，学生在翻译过程中出现的语序问题需要教师在学生进行大量的俄汉翻译实践的基础上帮助学生找出问题，清晰阐明原因。了解俄汉语序的共性和特质可以有效帮助学生处理学习过程中遇到的语序问题。期待相关方面更多的教改成果和语序教学研究论文。

6.2　不足之处及努力方向

首先，俄汉互译中的语序处理问题是个十分宏大的课题，本研究所涉及的俄汉平行结构互译中的语序问题，似乎只是"冰山上的一角"，所涉及的也主要是语序处理问题，所做的也只是最基础的工作。本研究主要为定性研究，未涉及定量研究。利用语料库来对语序中难以定性的模糊问题和歧义问题进行定量研究，也是当今语序研究的热点范式之一。翻译中的语序问题也可以进行量化研究，这样会使所采用的论据更有支撑度，得出的结论也更有说服力。未能尝试量化研究是本研究很大的一个不足，也是笔者今后的一个努力方向。

其次，本研究的另一个不足之处是研究有些分散，研究对象虽然都是平行结构，都以对比为基本研究方法，研究视角也比较统一，即都是从语法、语义、语用等多维视角进行研究，但具体涉及的研究对象偏多，章与章之间缺乏严密的逻辑联系和递进关系。在时间、能力、精力有限的情况下，研究选题过大会分散研究者的精力，从而影响研究的深度和精度。这也是笔者在今后的研究中需要极力避免的问题。

再次，对俄汉语序的对比建立在对俄汉语序的深刻领悟基础之上，而俄汉语序问题又关涉到语法学、语义学和语用学等领域的基础理论知识，研究成果的写作反映出笔者在汉语相关领域知识的欠缺和不足。笔者对俄语语序方面的知识掌握得比较全面，但对汉语语序及语言学相关方面的知识掌握得比较薄弱。主要原因在于，汉语语序要比俄语语序复杂得多，掌握起来更困难，加之作为俄语专业的学习者和研究者，笔者长期忽视对汉语语言学相关知识的学习和研究。研究成果的写作在丰富了笔者汉语语言学方面知识的同时，也使笔者认识到自己相关方面知识的欠缺。汉语方面，笔者在写作时尚未达到融会贯通的水平，需要加强关于汉语语言学方面的阅读、思考及领悟。

最后，研究在个别之处还存在一些技术问题，有些地方尚未研究清晰透彻。具体为：结构上，研究的结构并不完善。研究中的三大论证板块并不能涵盖平行结构的所有情形，但主要为最常见又最容易出错的情形；关于语义视角下的俄汉多项定语语序对比与翻译研究部分的论证不够充分全面，尚未找到合适的论点及论据；同位语部分关于"普通名词+人名"连用翻译时的语序问题，因翻译时的语序跟普通名词的语义及整个同位结构的功能相关（传达新信息的功能和称呼功能），所以这一部分就很难像其他部分一样做出清晰的平面划分；本书主要研究俄汉平行结构翻译时的顺序法和移位法，但顺序法和移位法只局限于用语序手段来解决翻译中的语序问题，并不能完美地解决翻译中的所有语序问题。当原文中通过语序所传达的意义无法依靠译文语序来传达时，就需要借助词汇等其他手段来补偿，这也是笔者需要继续深入探讨的问题。

笔者在本书撰写过程中，已尽量避免错误。但由于才疏学浅，文中不可避免地会出现漏洞和缺陷，恳请大家批评指正。希望本研究对在国内从事俄语教学及在俄罗斯从事对外汉语教学的教师、从事俄汉语言对比与翻译的学生和研究人员、从事俄汉口笔译实践的从业人员具有切实的指导作用。

参考文献

[1] Бархударов Л. С. Язык и перевод（Вопросы общей и частной теории перевода）[M]. М.: Международные отношения, 1975.

[2] Виноградов В. В. Русская грамматика（Том II）[M]. М.: Издательство АН СССР, 1954.

[3] Гак В. Г. Сравнительная типология французского и русского языко[M]. М.: Просвещение, 1989.

[4] Гак В. Г. Сопоставительная лексикология: на материале французского и русского языков[M]. М.: Международные отношения, 1977.

[5] Гак В. Г. Русский язык в сопоставлении с французским[M]. М.: УРСС, 1977.

[6] Караулов Ю. Н. Русский язык - энциклопедия[M]. М.: Издательский дом «Дрофа». 1997.

[7] Ковтунова И. И. Современный русский язык - порядок слов и актуальное членение предложение[M]. М.: Едиториал УРСС, 2002.

[8] Ковтунова И. И. Актуальное членение и порядок слов[M]. М.: Просещение, 1976.

[9] Комиссаров В. Н. Теория перевода（лингвистические аспекты）[M]. М.: Высш. Шк., 1990.

[10] Комиссаров В. Н. Лингвистика перевода[M]. М.: Международные отношения, 1980.

[11] Комиссаров В. Н. Слово о переводе[М]. М : Международные отношения，1973.

[12] Крылова О. А.，Хавронина С. А. Порядок слов в русском языке[М]. М.: Русский язык，1986.

[13] Лауфер Н. И. Линеаризация компонентов сочинительной конструкции[С] // Моделирование языковой деятельности в интеллектуальных системах. М.: Наука，1987.

[14] Поливанов Е. Д. Русская грамматика в сопоставлении с узбекским языком[М]. Ташкент: Госиздат УзССР，1933.

[15] Рецкер Я. И. Теория перевода и переводческая практика: очерки лингвистической теории перевода[М]. М.: Международные отношения，1974.

[16] Рецкер Я. И. О закономерных соответствиях при переводе на родной язык//Вопросы теории и методики учебного перевода: Сб. СТ. /Под ред. К. А. ГАншиной и И. В. Карпова. М.，1950.

[17] Розенталь Д. Э.，Джанджакова Е. В.，Кабанова Н. П.，Справочник по русскому языку[М]. 9-ое издание. М.: АЙРИС-пресс，2005.

[18] Розенталь Д. Э.，Теленкова М. А. Словарь-справочник лингвистических терминов[Z]. М.: Просвещение，1985.

[19] Сиротинина О. Б.. Порядок слов в русском языке[М]. М.: Ленанд，2014.

[20] Сигал К. Я. Речевые закономерности порядка соподчиненных адъективных компонентов（экспериментальное исследование на материале русской речеи）[J]. Вопросы психолингвистики. 2010（12）: 129-140.

[21] Сигал К. Я. Функциональные свойства сочинительных союзов в статике и динамике [J]. Язык. Текст. Дискурс. 2008（6）: 39-47.

[22] Сигал К. Я. Прескрипторные правила линеаризации в

когниции и тексте（на материале русских сочинительных конструкций）[J]. Вопросы когнитивной лингвистики. 2005（3）: 11-25.

[23] Сигал К. Я. Сочинительные конструкции в тексте: опыт теоретико- экспериментального исследования（на материале простого предложения）[M]. М.: Гуманитарий, 2004.

[24] Фёдоров А. В. Основы общей теории перевода（лингвистические проблемы）[M]. М.: ФИЛОЛОГИЯ ТРИ, 2002.

[25] Фёдоров А. В. Введение в теорию перевода[M]. М.: Издательство литературы на иностраных языках, 1953.

[26] Хавронина С. А., Крылова О. А. Порядок слов в русском языке[M]. М.: Русский язык, 1984.

[27] Чейф У. Данное, контрастивность, определенность, подлежащее, топики и точка зрения//Новое в зарубежной лигвистике. Вып. 11. - М.: Прогресс, 1982.

[28] Черняховская Л. А. Перевод и смысловая структура[M]. М.: Международные отношения, 1976.

[29] Черняховская Л. А. Перестройки речевой структуры для передачи компонентов смыслового членения высказывания при переводе с русского языка на английский[D]. Диссертация на соиск. учен, степ. канд. филол. наук. 1972.

[30] Шведова Н. Ю. Русская грамматика（Том II）[M]. М.: Издательство НАУКА, 1980.

[31] Швейцер А. Д. Перевод и лингвистика[M]. М.: Воениздат, 1973.

[32] Щерба Л. В. Фонетика французского языка: Очерк французского произношения в сравнении с русским[M]. М.: Ленинград. Учпедгиз, 1937.

[33] 白旭. 俄语多项定语语序的象似性探讨[J]. 俄语学习, 2016（4）: 51-56.

[34] 包惠南、包昂，编著. 中国文化与汉英翻译[M]. 北京：外文出版社，2004.

[35] 卜云燕、马亮. 评契诃夫短篇小说译本中词序语用意义的再现[J]. 中国俄语教学，2016（4）：65-69.

[36] 蔡毅. 对比语言学·翻译理论·翻译教学[J]. 中国俄语教学，1993（2）：16-19.

[37] 蔡毅. 翻译杂谈——关于意思结构的翻译问题[J]. 中国俄语教学，2002（2）：23-25.

[38] 蔡毅、段京华，编著. 苏联翻译理论[M]. 武汉：湖北教育出版社，2000.

[39] 陈爱文、于平. 并列式双音词的字序[J]. 中国语文，1979（2）：101-105.

[40] 陈国亭. 俄汉语对比句法学[M]. 上海：上海外语教育出版社，2014.

[41] 陈洁. 从实际切分角度谈翻译中的词序及行文线索[J]. 中国俄语教学，1990（4）：44-47.

[42] 陈洁. 俄汉超句统一体对比与翻译[M]. 上海：上海外语教育出版社，2007a

[43] 陈洁，主编. 俄汉语言对比与翻译[M]. 上海：上海外语教育出版社，2006.

[44] 陈洁. 俄语界对翻译单位研究综述[J]. 中国科技翻译，2007b（1）：46-48.

[45] 陈洁. 论俄汉翻译中的移位法[J]. 中国俄语教学，1996（3）：1-7.

[46] 陈洁. 语音与翻译[J]. 中国俄语教学，2011（1）：31-34.

[47] 陈洁、陈倩. 俄汉句群翻译初探[J]. 解放军外语学院学报，1993（1）：88-94.

[48] 陈洁、高少萍. 语序与翻译[J]. 俄语语言文学研究，2009（4）：65-71.

[49] 陈洁、刘慧、杨丽. 汉俄语义语序对比与翻译转换[J]. 中

国俄语教学，2018（4）：8-15.

[50] 陈洁、钟晓迪. 词义偏移与翻译中的褒贬分寸[J]. 中国俄语教学，2013（4）：75-79.

[51] 陈升法. 俄汉语民族文化语义的对比与翻译探讨[J]. 厦门大学学报（哲学社会科学版），1990（1）：117-120.

[52] 陈跃红. 学术的国家意识与国际意识——乐黛云先生的学术视野[J]. 中国比较文学，1999（2）：97-109.

[53] 储泽祥. 汉语联合短语研究[M]. 长沙：湖南大学出版社，2002.

[54] 崔卫、刘戈，编著. 对比语言学导论[M]. 哈尔滨：黑龙江人民出版社，2000.

[55] 崔希亮. 语言理解与认知[M]. 北京：北京语言大学出版社，2001.

[56] [美]戴浩一. 时间顺序和汉语的语序[J]. 黄河，译. 国外语言学，1988（1）：10-20.

[57] 邓军. 篇章中的优控述位[J]. 外语学刊，1996（4）：31-35，38.

[58] 邓克. 现代俄语词序——句法学体系的新发展[M]. 北京：中国国际广播出版社，1994.

[59] 范莉. 国内主位推进理论的研究：回顾与展望[J]. 外语研究，2022（2）：14-23.

[60] 范晓. 关于汉语的语序问题（一）[J]. 汉语学习，2001a（5）：1-12.

[61] 范晓. 关于汉语的语序问题（二）[J]. 汉语学习，2001b（6）：18-28.

[62] 冯胜利. 汉语韵律句法学[M]. 上海：上海教育出版社，2003.

[63] 冯胜利. 论汉语的"自然音步"[J]. 中国语文，1998（1）：40-47.

[64] 冯胜利、王丽娟. 汉语韵律语法教程[M]. 北京：北京大学

出版社，2018.

[65] 冯志纯，主编. 现代汉语用法词典[Z]. 成都：四川辞书出版社，2010.

[66] 高名凯. 语言论[M]. 北京：科学出版社，1963.

[67] 高琴. 现代汉语并列结构的语序考察[D]. 山西大学硕士论文，2004.

[68] 龚人放，主编. 俄汉文学翻译词典[Z]. 北京：商务印书馆，2000.

[69] 郭亚银. 英汉对比与翻译研究[M]. 长春：吉林大学出版社，2016.

[70] 胡附、文炼. 句子分析漫谈[J]. 中国语文，1982（3）：161-167.

[71] 胡孟浩. 俄语第二格名词用作修饰语的词序问题[J]. 外语教学与研究，1963（2）：37-39.

[72] 胡裕树、范晓. 试论语法研究的三个平面[J]. 新疆师范大学学报，1985（2）：7-16.

[73] 华劭. 语言经纬[M]. 北京：商务印书馆，2003.

[74] 黄伯荣、廖序东，主编. 现代汉语 上册[M]. 北京：高等教育出版社，2017.

[75] 黄伯荣、廖序东，主编. 现代汉语 下册[M]. 北京：高等教育出版社，2002.

[76] 姜宏. 俄汉语言对比研究——历史与发展问题与任务[J]. 外语学刊，2000（4）：75-79.

[77] 姜望琪. 现代语篇分析的萌芽——布拉格学派语篇分析思想研究[J]. 外语教学与研究，2008（3）：188-195，240-241.

[78] 姜艳红、王清. 汉俄语反义词构成的复合词和成语的语序对比[J]. 中国俄语教学，2014（3）：70-73.

[79] 蒋文钦、陈爱文. 关于并列结构固定词语的内部次序[J]. 中国语文，1982（4）：289-301.

[80] 金大辛. 汉俄语定语结构语序的一些对比[J]. 武汉大学人

文科学学报，1959（2）：31-36.

[81] 靳铭吉. 俄语的主位与汉语的话题[J]. 外语学刊，2002
（3）：75-79.

[82] 李建军、盛卓立. 英汉语言对比与翻译[M]. 武汉：武汉大
学出版社，2014.

[83] 李谨香. 从"北上"、"南下"文化内涵审视俄汉方位词[J].
外语与外语教学，2006a（5）：58-60.

[84] 李谨香. 汉俄语多项式定语语序的认知解读[J]. 外语学
刊，2006b（4）：68-71.

[85] 李谨香. 汉俄语名词性短语的结构与功能研究[D]. 黑龙
江大学博士论文，2006c.

[86] 李占炳. 并列结构的类型学研究[D]. 上海外国语大学博
士论文，2014.

[87] 连淑能. 英汉对比研究（增订本）[M]. 北京：高等教育出
版社，2010.

[88] 梁达. 俄汉语语法对比研究——构词构形·词序[M]. 上
海：新知识出版社，1957.

[89] 廖红英. 俄语词序与俄译汉[J]. 中国俄语教学，2016（2）：
68-74.

[90] 廖秋忠. 现代汉语并列名词性成分的顺序[J]. 中国语文，
1992（3）：161-173.

[91] 刘丹青. 试谈两类"同位语"的区别[J]. 语言教学与研究，
1985（1）：75-81，88.

[92] 刘光准. 俄汉民族左右尊卑文化现象比较[J]. 解放军外语
学院学报，1997（6）：77-82.

[93] 刘街生. 现代汉语同位组构研究[M]. 武汉：华中师范大学
出版社，2004.

[94] 刘丽芬. 俄汉语动动并列结构标题对比[J]. 外语学刊，
2012（4）：72-76.

[95] 刘丽芬. 俄汉语名名并列结构标题对比研究[J].外语教学，

2013a（5）：36-41.

[96] 刘丽芬. 俄汉语同位结构标题的类型学解释[J]. 中国俄语教学，2014（2）：50-55.

[97] 刘丽芬. 在对方那里找到自身发展动力：对比语言学与翻译学互邻互补[N]. 中国社会科学报，2013b.7.22，第 A08 版.

[98] 刘宓庆. 汉英对比研究的理论问题（下）[J]. 外国语（上海外国语学院学报），1991（5）：44-48.

[99] 刘宓庆. 汉英对比研究与翻译[M]. 南昌：江西教育出版社，1991.

[100] 刘宓庆. 新编汉英对比与翻译[M]. 北京：中国对外翻译出版公司，2006.

[101] 刘全福，编著. 英汉语言比较与翻译[M]. 北京：高等教育出版社，2011.

[102] 刘瑞琴、韩淑芹、张红，编著. 英汉委婉语对比与翻译[M]. 银川：宁夏人民出版社，2010.

[103] 刘月华. 定语的分类和多项定语的顺序[C].//北京市语言学会，编. 语言学和语言教学. 合肥：安徽教育出版社，1984.

[104] 陆丙甫. 定语的外延性、内涵性和称谓性及顺序[C]//《中国语文》杂志社，编. 语法研究和探索（四）. 北京：北京大学出版社，1988.

[105] 陆丙甫. 语序优势的认知解释（上）：论可别度对语序的普遍影响[J]. 当代语言学，2005（1）：1-15，93.

[106] 陆丙甫、曹德和. 关于句法理论的起点和三个平面理论[J]. 语言研究集刊，2005（00）：317-336，401-402.

[107] 陆丙甫、陈平. 距离象似性——句法结构最基本的性质[J]. 中国语文，2020（6）：643-661，766.

[108] 陆俭明. 同类词连用规则刍议——从方位词"东、南、西、北"两两组合规则谈起[J]. 中国语文，1994（5）：330-338.

[109] 罗启华. 一门新兴的语言学分科——对比语言学[J]. 华中师范大学学报（哲学社会科学版），1988（4）：96-103.

[110] 罗一丽、张辉. 韵律与语法互动研究：汉语黏合式多项定语排序问题[J]. 外语学刊，2018（1）：47-53.

[111] 吕叔湘. 通过对比研究语法[J]. 语言教学与研究，1992（2）：4-18.

[112] 吕叔湘. 中国文法要略[M]. 北京：商务印书馆，1942.

[113] 吕叔湘. 中国文法要略[M]. 北京：商务印书馆，2014.

[114] 马清华. 并列结构的自组织研究[M]. 上海：复旦大学出版社，2005.

[115] 马庆株. 多重定名结构中形容词的类别和次序[J]. 中国语文，1995（5）：357-366.

[116] 梅明玉. 英汉语言对比分析与翻译[M]. 杭州：浙江大学出版社，2017.

[117] 潘文国. 翻译与对比语言学[J]. 上海大学学报（社会科学版），2007（1）：114-117.

[118] 潘文国. 汉语的构词法研究[M]. 上海：华东师范大学出版社，2004.

[119] 潘文国. 汉英语对比纲要[M]. 北京：北京语言大学出版社，1997a.

[120] 潘文国. 换一种眼光何如？——关于汉英对比研究的宏观思考[J]. 外语研究（中国人民解放军国际关系学院学报），1997b（1）：1-11，15.

[121] 潘文国、杨自俭，主编. 共性·个性·视角——英汉对比的理论与方法研究[M]. 上海：上海外语教育出版社，2008.

[122] 彭启良，编著. 翻译与比较[M]. 北京：商务印书馆，1980.

[123] 钱洪良. 俄汉语词序功能的对比[J]. 现代外语，1991（3）：36-40.

[124] 乔娟. 现代汉语多项定语语序问题研究[D]. 上海师范大学硕士论文，2012.

[125] 秦洪武、王克非. 英汉比较与翻译[M]. 北京：外语教学与研究出版社，2010.

[126] 阮氏秋荷. 现代汉语同位短语的多角度研究[D]. 华中师范大学博士论文，2009.

[127] 邵敬敏，主编. 现代汉语通论精编[M]. 上海：上海教育出版社，2012.

[128] 邵志洪. 汉英对比翻译导论[M]. 上海：华东理工大学出版社，2013.

[129] 邵志洪. 结构·语义·关系：英汉微观对比研究[M]. 上海：上海外语教育出版社，2008.

[130] 沈家煊. 汉语"大语法"包含韵律[J]. 世界汉语教学，2017（1）：3-19.

[131] 盛义朝. 俄译汉中修辞手段的运用和语序的处理[J]. 俄语学习，2013（6）：42-46.

[132] 史铁强. 大学俄语（第二册）[M]. 北京：外语教学与研究出版社，2010a.

[133] 史铁强. 大学俄语（第四册）[M]. 北京：外语教学与研究出版社，2010b.

[134] 史铁强. 俄语里的同等定语与非同等定语[J]. 四川外语学院学报，1997（3）：34-37.

[135] 宋畅. 英汉否定概念对比与翻译[M]. 北京：中国书籍出版社，2016.

[136] 王斌. 主位推进的翻译解构与结构功能[J]. 中国翻译，2000（1）：35-37.

[137] 王秉钦. 语言与翻译新论——语义学、对比语义学与翻译[M]. 天津：南开大学出版社，1998.

[138] 王超尘、黄树南、信德麟等，编. 现代俄语通论（下册）[M]. 北京：商务印书馆，1983.

[139] 王翠. 俄语形容词充当后置定语的语言学分析[J]. 中国俄语教学，2013（2）：35-40.

[140] 王翠. 俄语语序的语言类型学研究[D]. 上海外国语大学博士论文，2011.

[141] 王德孝等，编. 现代俄语理论教程（下）[M]. 上海：上海外语教育出版社，1989.

[142] 王福祥，编. 对比语言学论文集[C]. 北京：外语教学与研究出版社，1992.

[143] 王福祥. 俄语话语结构分析[M]. 北京：外语教学与研究出版社，1981.

[144] 王福祥. 俄语实际切分句法[M]. 北京：外语教学与研究出版社，1984.

[145] 王福祥、吴汉樱，编著. 对比语言学概论[M]. 哈尔滨：黑龙江大学出版社，2012.

[146] 王力. 王力论学新著[M]. 南宁：广西人民出版社，1983.

[147] 王力. 中国现代语法[M]. 北京：商务印书馆，1943.

[148] 王琳琳、蒋平. 再论英汉并列结构的语序及翻译策略[J]. 解放军外国语学院学报，2013（3）：63-68，128.

[149] 王文斌. 对比语言学：语言研究之要[J]. 外语与外语教学，2017（5）：29-44，147-148.

[150] 王文斌、艾瑞. 汉语语序的主导性原则是"时间顺序"还是"空间顺序"？[J]. 世界汉语教学，2022（3）：319-331.

[151] 王希杰. 汉语修辞学（第三版）[M]. 北京：商务印书馆，2014.

[152] 王晓娜. 关系本体视野中名名并列的语义和功能研究[M]. 北京：中国社会科学出版社，2009.

[153] 王燮康. 从后置的一致定语看俄语词序[J]. 中国俄语教学，1989（4）：26-30.

[154] 王寅. 体认翻译学（下）[M]. 北京：北京大学出版社，2021.

[155] 王宗炎. 对比分析与语言教学[C]//英汉语言文化对比研究. 上海：上海外语教育出版社，1996.

[156] 文炼、胡附. 汉语语序研究中的几个问题[C]//三个平面：汉语语法研究的多维视野. 北京：语文出版社，1998.

[157] 文旭. 词序的拟象性探索[J]. 外语学刊, 2001（3）: 90-97.

[158] 文旭. 语言的认知基础[M]. 北京: 科学出版社, 2014.

[159] 文旭、司卫国. 具身认知、象似性与翻译的范畴转换[J]. 上海翻译, 2020（3）: 1-6, 95.

[160] 吴叔尉、胡晓. 英汉语言对比与翻译[M]. 北京: 中国书籍出版社, 2014.

[161] 吴爽. 英汉同位语比较与互译[J]. 四川外语学院学报, 2002（2）: 132-134.

[162] 吴为善. 认知语言学与汉语研究[M]. 上海: 复旦大学出版社, 2011.

[163] 吴为章. 语序重要[J]. 中国语文, 1995（6）: 429-436.

[164] 吴阳. 英汉并列结构的语序对比及翻译[J]. 四川外语学院学报, 2003（1）: 120-122.

[165] 吴贻翼、雷秀英、王辛夷、李玮. 现代俄语语篇语法学[M]. 北京: 商务印书馆, 2003.

[166] 武树元. 俄汉语言对比研究与翻译[J]. 中国俄语教学, 1986（5）: 38-42.

[167] 武树元. 俄语和汉语中多项描写性状语的表达方式[J]. 语言教学与研究, 1987a（3）: 79-83.

[168] 武树元. 如何翻译俄语长定语[J]. 外语研究, 1987b（1）: 70-75.

[169] 习近平. 习近平谈治国理政（第二卷）[M]. 北京: 外文出版社, 2017.

[170] 习近平. 习近平谈治国理政（第二卷, 俄文版）[M]. 俄文翻译组, 译. 北京: 外文出版社, 2017b.

[171] 萧立明, 编著. 英汉比较研究与翻译[M]. 上海: 上海外语教育出版社, 2010.

[172] 谢晓明、王倩. 并列结构的语序异变类型及其制约因素[J]. 对外汉语研究, 2018（2）: 110-118.

[173] 信德麟、张会森、华劭, 编. 俄语语法（第 2 版）[M]. 北

京：外语教学与研究出版社，2009.

[174] 邢福义. 汉语语法三百问[M]. 北京：商务印书馆，2002.

[175] 熊兵，编著. 英汉对比与翻译导论[M]. 武汉：华中师范大学出版社，2012.

[176] 徐昌火、邵蒙蒙. 现代汉语反义"形+形"构式语序成因的多元阐释[J]. 对外汉语教学与研究，2015（00）：17-24.

[177] 徐通锵. 对比和汉语语法研究的方法论[J]. 语言研究，2001（4）：1-7.

[178] 徐通锵. 汉语的特点和语言共性的研究[J]. 语文研究，1999（4）：1-13.

[179] 许高渝. 我国俄汉语言对比研究述略[J]. 外语界，1990（4）：7-11.

[180] 许高渝. 我国 90 年代汉外语言对比研究述略[J]. 外语与外语教学，2000（6）：47-50.

[181] 许余龙，编著. 对比语言学[M]. 上海：上海外语教育出版社，1992.

[182] 闫德胜. 俄汉翻译中的段落分合[J]. 外语教学，1993（1）：56-62.

[183] 闫德胜. 俄汉科技翻译技巧——翻译新探[M]. 天津：天津科技翻译出版公司，1992.

[184] 闫德胜. 俄译汉中偏正结构调换语序翻译技巧[J]. 外语教学，1990（3）：72-77.

[185] 闫德胜. 句群翻译研究[J]. 外语与外语教学，1987（6）：47-51.

[186] 闫德胜. 科技俄语翻译中并列结构调换语序翻译技巧[J]. 解放军外语学院学报，1991（1）：75-82.

[187] 杨常倩、范头姣. 主位—述位推进模式与翻译[J]. 湖南大学学报（社会科学版），2001（3）：69-71.

[188] 杨丰宁，编著. 英汉语言比较与翻译[M]. 天津：天津大学出版社，2006.

[189] 杨开三. 简论俄汉定语外部形式的不同[J]. 中国俄语教学，1989（2）：38-41.

[190] 杨仕章. 俄语篇章连贯性翻译研究[M]. 上海：上海译文出版社，2012.

[191] 杨仕章，编著. 语言翻译学[M]. 上海：上海外语教育出版社，2006.

[192] 殷海光. 中国文化的展望[M]. 上海：上海三联书店，2002.

[193] 袁晖、戴耀晶，编. 三个平面：汉语语法研究的多维视野[C]. 北京：语文出版社，1998.

[194] 袁毓林. 定语顺序的认知解释及其理论蕴涵[J]. 中国社会科学，1999（2）：185-200.

[195] 曾常红. 汉语名名并列序列的弱势词序原则[J]. 语言研究，2007（1）：67-72.

[196] 张会森. 从俄汉对比中看汉语有什么特点[J]. 外语学刊，2001（1）：3-12.

[197] 张会森. 当代俄语语法[M]. 北京：商务印书馆，2010a.

[198] 张会森. 对比语言学问题[J]. 外语学刊，1991（5）：7-14.

[199] 张会森，主编. 俄汉语对比研究（上卷）[M]. 上海：上海外语教育出版社，2004a.

[200] 张会森，主编. 俄汉语对比研究（下卷）[M]. 上海：上海外语教育出版社，2004b.

[201] 张会森. 俄汉语对比研究述要[J]. 外语学刊，1996（4）：15-18，24.

[202] 张会森. 和青年学人谈治学[J]. 俄语学习，2010b（1）：40-42.

[203] 张会森. 最新俄语语法[M]. 北京：商务印书馆，2000.

[204] 张会森、王利众. 俄汉语复句的"形合"与"意合"问题[J]. 中国俄语教学，2001（4）：31-36.

[205] 张国宪. 并列式合成词的语义构词原则与中国传统文化

[J]. 汉语学习，1992（5）：28-31.

[206] 张家骅，主编. 新时代俄语通论（下册）[M]. 北京：商务印书馆，2006.

[207] 张璐. 从东西南北谈汉英语语序所反映的认知过程[J]. 语言研究，2002（4）：11-18.

[208] 张敏. 认知语言学与汉语名词短语[M]. 北京：中国社会科学出版社，1998.

[209] 张思洁、张柏然. 试从中西思维模式的差异论英汉两种语言的特点[J]. 解放军外语学院学报，1996（5）：8-12.

[210] 张思洁、张柏然. 意合与形合[J]. 外语与外语教学，1998（7）：54.

[211] 张谊生. 副词的连用类别和共现顺序[J]. 烟台大学学报（哲学社会科学版），1996（2）：86-95.

[212] 张振亚. 从"红的那个苹果"看语用-句法的互动[J]. 世界汉语教学，2013（3）：346-361.

[213] 赵陵生. 俄语词序与翻译[J]. 外语教学与研究，1981（1）：18-23，77.

[214] 赵陵生. 俄语和汉语判断句的逻辑结构与词序[J].外语教学与研究，1982（1）：24-27.

[215] 赵陵生. 句子的语义重点——俄汉语序比较[J]. 中国俄语教学，1983（4）：24-28.

[216] 赵陵生. 语言的民族特点和翻译[J]. 中国俄语教学，1988a（6）：21-26.

[217] 赵陵生. 政论文翻译（汉译俄）中一个值得商榷的倾向[J]. 中国俄语教学，1988b（3）：18-23.

[218] 赵敏善. 俄汉语对比研究[M]. 上海：上海译文出版社，1994.

[219] 赵元任. 汉语口语语法[M]. 北京：商务印书馆，1979.

[220] 郅友昌、赵卫. 俄语句子同等成分词序的文本制约性[J]. 中国俄语教学，2009（4）：41-44.

[221] 周荐. 并列结构内词语的顺序问题[J]. 天津师大学报，1986（5）：87-91.

[222] 朱达秋. 实际切分句法与俄译汉[J]. 外语教学，1987（4）：93-96.

[223] 朱达秋. 实义切分法在俄译汉中的应用——谈 когда 引导的时间状语从属句[J]. 四川外语学院学报，1993（4）：73-75，109.

[224] 朱达秋. 在俄汉翻译教学中运用实际切分法的一点尝试[J]. 中国俄语教学，1989（3）：40-44.

[225] 朱德熙. 定语和状语[M]. 上海：上海教育出版社，1984.

后　记

本书系在我的博士论文基础上进一步修改完善而成。2016 年 4 月，我的导师陈洁教授将王晓娜的专著《关系本体视野中名名并列的语义和功能研究》交给我，让我学习研究。随后，老师与我商定好论文题目，我便开始着手搜集材料。一开始我的内心是忐忑不安的，因为关于"俄汉语序对比与翻译研究"这一课题，我几乎一无所知，一切需要从零开始准备起来。但在老师的鼓励与引导下，我积极行动起来，开始一点点搜集资料，研读文献，写读书笔记，学习业界学者们的写作思路、研究方法、理论观点甚至语言表述。

在这之后，让我十分感动的是，陈老师每隔一段时间就会联系我，有时是督促我，有时会给我推荐一些对写论文有帮助的文献让我研读，有时会与我做一些讨论。每次与陈老师交流，我都受益匪浅。陈老师对学生的引导让人如沐春风，老师对我们不大成熟的学术思想常常抱有支持与包容的态度。在生活上，陈老师像慈父一样无微不至地关怀着我们。陈老师虽不善言辞，但为人正直、善良、热心，让人敬佩。

读博之前，我就深知学术之路没有捷径可走。况且对于天资并不聪颖的我，更没有"巧劲儿"可言。我只能通过最原始的方法来超越自我。每当我浮躁或退缩时，陈老师总是适时敲打鞭策，督促我在做学术的道路上孜孜不倦，勇于创新，厚积薄发，勇往直前，深刻领悟做学术的精神与实质。同时，老师善于因材施教的教学方法和高屋建瓴的学术视野也为我今后成为一名优秀的俄语教师树立了光辉典范。

工作以后，当我自己开始身处学术圈，面对繁杂的世界，几乎每天快要被发文、申报项目等事裹挟之后，才愈发意识到导师的难能可贵。导师是翻译研究语言学派的坚定支持者，这从他几十年来从语言视角研究翻译的成果便可以看出。不仅如此，他更是对翻译中的语序问题如痴如醉，也做出了许多有分量的语序研究成果。他不会因为外界而轻易改变自己的学术志向和学术兴趣，也不会因为研究过程艰辛而轻易退缩，反而甘之如饴，乐在其中。从这个角度来看，导师传授给我的不仅仅是知识、技能和方法，更可贵的是学术的精神。同时，我也庆幸自己的博士论文可以选择一个具有难度而又十分具有学术价值的课题进行研究、学习和历练。

语序问题是非常有价值的研究课题，我相信对于世界上任何一种语言而言，语序问题都是非常重要的。然而，语序研究并非在短期内就能速成，它需要研究人员具有非常坚实的语言学基础和长久的积淀，而且需要具备较强的文献阅读能力、理论分析能力和逻辑思维能力，以及持久的耐性和韧性。当然，语序问题纷繁复杂，要研究好这一问题还得对其拥有巨大的热情和兴趣，这样才足以克服研究过程中出现的各种困难。对于单语研究而言，这本身就是比较复杂的课题，汉语相关研究文献本身浩如烟海，而对于双语转换中的语序问题，这就更是难上加难了。我们不仅需要对俄语语序具有清晰的认识，而且要阅读大量的汉语语序相关文献，同时还要掌握一定的翻译研究基础理论，通过对比俄汉语序的异同来指导翻译转换。因此，本研究只是笔者在这一浩瀚领域的初步尝试，我们所做的也只是最基础的工作，希望能够借本研究抛砖引玉，未来看到这一领域更多优秀的成果。

借此机会我还想感谢上海外国语大学俄罗斯东欧中亚学院对我六年的培养。我在这里度过了最美好的青春年华，获得了最宝贵的知识和技能。感谢院里的许宏老师、杨仕章老师、章自力老师等，感谢他们帮我开阔视野，对我的论文提出了宝贵的意见和建议。读博期间，我有幸旁听杨仕章老师的"俄罗斯翻译理论流派"和"文化翻译学"两门课程，从中汲取营养的同时，也为杨老师渊博的知识和才华所折服，在此感谢杨老师。感谢管海霞老师贴心的工作。

　　感谢我的同门师姐妹刘慧、杨立云、陆持、杨丽，感谢 2017 级师妹刘雪娟、胡业爽、盈盈、孙为，感谢我们的相遇相知，能与你们共同经历风雨，在科研的道路上携手并进，也是一种缘分和幸运。

　　感谢华东师范大学外语学院对我的关心和支持，感谢学院科研老师张丽芬在我每次申报项目或者出版专著时都能给出宝贵的建议和帮助。

　　此外，我还要感谢我的家人，感谢他们对我毫不吝啬的爱，对我学业的百分之百的支持以及对我自由自在成长的无限包容。我只能以勤奋精进来弥补自己内心的愧疚以及对他们的感恩。

　　感谢我的好友王叶娜、王晨晨、蔡青青、冉云云、艾丽华、申新华、常慧、马鸥，是你们的赞美、支持、鼓励与陪伴才让我的学术研究生活更多了一份快乐。

　　感谢每一位阅读此书的你。

邵鹏洁

2023 年 5 月 30 日

于金汇镇